# 人人教育 优质均衡

——重庆九龙坡教育综合改革实验模式

陈瑜 王远玲/主编

教育科学出版社
·北京·

出 版 人　李　东
责任编辑　刘　灿　杨建伟
版式设计　博祥图文　沈晓萌
责任校对　张　珍
责任印制　叶小峰

**图书在版编目（CIP）数据**

人人教育　优质均衡：重庆九龙坡教育综合改革实验模式/陈瑜，王远玲主编.—北京：教育科学出版社，2016.9
ISBN 978-7-5191-0807-6

Ⅰ.①人…　Ⅱ.①陈…②王…　Ⅲ.①地方教育—教育改革—研究—重庆　Ⅳ.①G527.719

中国版本图书馆CIP数据核字（2016）第240663号

**人人教育　优质均衡——重庆九龙坡教育综合改革实验模式**
REN REN JIAOYU　YOUZHI JUNHENG——CHONGQING JIULONGPO JIAOYU ZONGHE GAIGE SHIYAN MOSHI

| | | | |
|---|---|---|---|
| 出版发行 | 教育科学出版社 | | |
| 社　址 | 北京·朝阳区安慧北里安园甲9号 | 市场部电话 | 010-64989009 |
| 邮　编 | 100101 | 编辑部电话 | 010-64981151 |
| 传　真 | 010-64891796 | 网　址 | http://www.esph.com.cn |
| 经　销 | 各地新华书店 | | |
| 制　作 | 北京博祥图文设计中心 | | |
| 印　刷 | 保定市中画美凯印刷有限公司 | | |
| 开　本 | 169毫米×239毫米　16开 | 版　次 | 2016年11月第1版 |
| 印　张 | 13.5 | 印　次 | 2016年11月第1次印刷 |
| 字　数 | 218千 | 定　价 | 32.80元 |

**陈　瑜**　男，1965年5月生，重庆忠县人。重庆市人民政府督学，重庆师范大学硕士生导师。现任重庆市教育信息技术与装备中心主任，曾任重庆市教育委员会政策法规处处长、重庆市九龙坡区教育委员会主任、重庆市九龙坡区人民政府教育督导室主任。长期从事教育研究和教育管理工作，主持国家社会科学基金“十二五”规划2012年度教育学一般课题“西部区域基础教育现代学校制度建设的实践研究”；在《人民教育》《教育研究》等刊物发表多篇论文，论文获重庆市第六届优秀基础教育著述评选一等奖；被评为“中国教育报2013年度推动读书十大人物”。

**王远玲**　女，1970年12月生，重庆巴南人。现任重庆市九龙坡区旅游局局长、党组书记，曾任九龙坡区委宣传部办公室主任、区委研究室副主任、区政府办公室副主任、区地方志编撰委员会办公室主任、区委教育工委书记。曾参与起草九龙坡区政府工作报告等重要事项，多次荣获市、区级奖励。

序

# 为了教育的美好与崇高

重庆市九龙坡区教育委员会原主任　重庆市人民政府督学　陈　瑜

教育是一项能够让人类更加美好的事业。让教育因这美好而崇高，让教师因这美好而幸福，让学生因这美好而健康成长。怀揣着这份憧憬，我和我的同事们一起，思考并行动着，力图走出一条符合九龙坡实际、具有九龙坡特色的教育改革发展之路，最大限度地实现和彰显区域教育的改革价值。

## 一、倡导以学生为本位的价值追求

推动一个区域的教育改革与发展，首先应当致力于明晰和形成共同的价值取向和追求，这是区域教育文化的核心所在。有了共同的价值取向和追求，才会有坚实的对话基础，才会形成基于共同愿景的话语体系。

教育最本质的关系是人与人的关系，我们因此确立了“人人教育”的九龙坡教育核心理念。这一核心理念的内涵主要体现在四个方面：一是“面向人人”，要努力办好面向每一个人的教育，办好面向人的每一个年龄阶段的教育，让教育惠及人人；二是“把人当人”，要真正把学生作为人来对待，对人性多一些尊重、多一些敬畏；三是“以人育人”，教育是一个灵魂对另一个灵魂的唤醒与牵引，一个生命对另一个生命的濡染与塑造，教师理应做到“学高身正”；四是“让人成人”，教育要致力于把人培养成为一个“人”，培养成为一个“真正的人”。

面对全区教育发展的现实基础，我们在2012年初提出了全区教育工作

“四个三”的基本思路。那就是：以率先实现教育现代化为总体奋斗目标，全面实施“品质课堂、卓越学校、现代教育”三大发展战略，着力构筑“人文、科学、民主”的九龙坡教育“三支点”，着力调绘“爱心、书香、理性”的九龙坡教育“三原色”，着力形成“公平、个性、卓越”的九龙坡教育“三特质”，加速推进区域教育现代化、现代教育多元化、多元教育个性化、个性教育卓越化，全面提升九龙坡教育发展质量，办好让人民满意的教育，努力把九龙坡建设成为“品质课堂集成带、卓越学校旗舰地、现代教育示范区”。

这既是我们推进教育工作的基本思路，也是我们对全区教育事业发展的一个愿景，是我们的“教育梦”。这个愿景，用另外一种方式来表述，也就是从学生的角度来表述，就是“五个一”：一所好学校、一位好老师、一堂品质课、一段好记忆、一世好人生。我们希望每一位学生都能够上一所好学校，能够遇到一位又一位好老师，能够聆听一堂又一堂精彩的课，能够让自己在学校学习的经历成为人生一段美好的记忆，能够因为在学校的学习而成就一生的幸福，拥有一世美好的人生。

无论是“人人教育”这一核心理念，还是“四个三”的基本思路，都旨在着力倡导和形成以学生为本位的价值取向和追求。在全区教育系统里，我们不遗余力地让这样一些价值判断深入人心：“校长和教师工作的成效，首先应当体现在学生的变化与发展上”；“学生没有受益，学校工作就是无效，办人民满意的教育就无从谈起”；“要使教育让人民满意，首先必须让学生满意、让家长满意”……我们要求全区所有教育工作者必须始终站在学生的角度来想问题、办事情，真正把促进学生健康成长作为学校一切工作的出发点和落脚点，眼睛要看着学生，心里要装着学生，大脑要思考学生，行动要引导学生，努力为每一位学生的健康成长服务。

我不止一次地把苏霍姆林斯基一生记录6000多名学生个人成长档案这样一件平凡而伟大的事情讲给校长们听，并号召校长们向苏霍姆林斯基学习，走近学生，观察学生，记录学生的变化与成长。校长们都积极行动起来，更多地融入学生。区教委将校长们写的部分文章汇编成《学生成长记录选》，已经编了四册，读起那些文字来，让人感触良多。我也曾号召校长们在学生毕业的时候，一定要在毕业典礼上，将印有校长名字而自己不曾教过的学生的毕业证书，亲自颁发给学生。有位校长在毕业典礼之后对我说，“感受到从来没有体会到的幸福感和成就感”。

我有一次到杨家坪中学调研，看到一篇高三学生的作文，他满怀深情地写下了自己对学校、对校长的深刻感受。这篇作文里有这样一句话：“对于我的将来，我也希望成为这样一个在某一领域顶天立地的人物。”他所说的“这样一个"，就是指他们的校长。爱因斯坦说，什么是教育，教育就是你把从课堂上、书本上、老师那里学到的东西通通忘掉之后剩下的东西。这篇作文里的这一句话，不就是在告诉我们，爱因斯坦所说的"剩下的东西"是什么吗？这位校长之所以能够在学生的心目中产生如此重大的影响，原因恐怕有很多，但是其中一定少不了这样一条，那就是校长心中始终装着学生。这位校长很受学生拥戴，他在一年多的时间里与学生们往来的手机短信，用 A4 纸打印出来，竟达 300 多页。

## 二、依循以课堂为原点的发展逻辑

一个区域的教育工作总是千头万绪，无论是扩充教育"显性资源"之量，还是提升教育"隐性资源"之质，都有许许多多的事情。我们提出并全面实施的"品质课堂、卓越学校、现代教育"三大发展战略，旨在切实把握和依循教育发展的内在逻辑，更好地推动区域教育事业实现从线性累积到质的提升。

"品质课堂、卓越学校、现代教育"三大发展战略，不仅是一种发展策略，也是一种目标引领，更是一种境界追求。我们大力推进建设以"专业性、全然性、趣乐性、思辨性、践习性、化成性"这"六元素"为核心内涵的"品质课堂"，力求产生优质的教学效果和长远的育人效应。我们在巩固和深化特色学校建设成果的基础上，围绕"办学理念科学化、队伍素质专业化、办学条件标准化、学校管理制度化、课堂教学品质化、学校发展特色化、教育行为人本化、教育效果优质化、社会评价美誉化"这"九标准"，积极实施"卓越学校"建设战略，逐步形成具有广泛持久影响的品牌学校。我们积极推进区域教育现代化，坚持把"现代教育"作为教育现代化的目标和归宿，致力于实现"六愿景"，即"教育普及化、教育均衡化、教育优质化、教育信息化、教育国际化、教育终身化"。

为了积极有效地推进三大发展战略，我们坚持"高位策动、高端搏动、高质行动"。所谓"高位策动"，就是通过区域高层来策划和推动。2012 年以来，九龙坡区委、区政府先后出台了教育"1 + 6"配套文件，即 1 个主体文件《关于加快教育强区建设率先实现教育现代化的决定》和 6 个配套文件。这些关于教育改革发展的政策文件，不仅体现了一个区域党委和政府高层改革发展教育的意志和决心，也有利于全区上下形成更加重视教育、更加关心教育、更加理解教育、更加支持教育的合力；不仅明确了教育发展的目标和工作任务，而且成为能够解决具体问题的实践策略，包括加大学校基本建设力度、优化教育布局结构、扩充教育“显性资源”。

在自加压力的同时，我们也做出了借助外力的选择。2012 年 6 月，九龙坡区政府与中国教育科学研究院（简称中国教科院）签署合作共建协议，九龙坡成为中国教科院合作共建的第六个“教育综合改革实验区”。这就是力求通过“高端搏动”，以实现更好更快的发展。在合作共建中，我们坚持“高起点、低切入、重实效”，以教育科研为引领，以人才培养模式改革为核心，以项目实验为载体，以课堂建设为重点，以教师队伍建设为根本，以提高教育质量和发展水平为目标，开展了大量扎实有效的工作。比如，我们开展了“心理健康教育、爱心教育、科技教育、教育信息化建设、学校安全管理、书香校园建设”六大项目实验；我们承担了国家社会科学基金“十二五”规划 2012 年度教育学一般课题“西部区域基础教育现代学校制度建设的实践研究”，全区有 49 所学校承担了 56 个子课题；我们还组织了部分学校积极参与中国教科院“未来学校创新计划”等项目。

目标和路径明确之后，需要的就是行动，积极而卓有成效的行动。因此，我们提出了“高质行动”的要求。九龙坡区在实施三大发展战略的过程中，紧紧围绕“六元素”“九标准”“六愿景”，既有“全区推动”，也有“学校行动”。比如，在实施“品质课堂”建设这一战略中，我们坚持把课堂作为学校立德树人的主渠道、作为学校办学实力的核心要素，采取“课程、课堂、课题”“三课”联动，整体推进“课程建设、课堂建设、课题研究”，着力构建以相融相适的“多样化课程、高素质师资、现代化技术”为三大坚实支撑的高品质课堂。我们研究制定了《关于全面推进中小学校课程体系建设的指导意见》和《关于全面推进中小学校课程体系建设的实施方案》，全区有 20 多所学校积极主动参与课程体系建设的探索和实践。谢家湾小学建构学科课程、社团课程、环境课程三类一体的“小梅花”课程体系，2014 年 4 月 7 日中央电视台《新闻联播》播出该校的课改情况。森林小学、九龙坡区第一实验小学（简称区实验一小）、鹅公岩小学、杨家坪中学、铁路中学等一批学校在课程体系建设中也都迈出了可喜的步伐。

“品质课堂、卓越学校、现代教育”这三者之间并不是一种简单的并列关系，而是一种以课堂为原点、由内而外、递进发展的逻辑关系。我们希望，广大办学者能够依循这样的逻辑关系，在办学实践中多一些宁静与清晰，也多一些坚定与从容。

## 三、营建以成长为内核的教育生态

我们之所以坚持把学生的变化与发展作为考量校长和教师工作成效的重要价值尺度，就是因为我们所有的努力，都是旨在谋求和实现青少年学生群体的健康成长。而只有在一个健康的、积极的、本真的教育生态里，青少年学生的健康成长才可能真正成为现实。因此，我们希望通过一系列的工作举措，逐步改变一个区域的教育生态。

教育活动中，有三个基本群体，那就是学生、教师、家长。这三个基本群体的状态，可以说就是一个区域教育的微生态。这几年来，我们力图抓住一些牵一发而动全身的本质性、关键性的环节，采取恰当的方式方法，积极有效地影响这三个基本群体，致力于形成健康的教育生态。经过深入思考、整体设计，我们先后启动实施了三个行动计划。基于对“教育人首先应是读书人”“一个不爱读书的教师不可能培养出爱读书的学生”的认识，我们于2012年11月在全区教育系统启动实施了“修远行动·教师阅读计划”；基于对“阅读是基础教育的基础”这一论断的高度认同，我们于2013年10月启动实施了“修远行动·学生全科阅读计划”；基于对苏霍姆林斯基关于“没有家庭教育的学校教育和没有学校教育的家庭教育，都不可能完成培养人这一极其细微而复杂的任务”这一论断的深刻理解，我们于2013年11月启动实施了“家长教育行动计划”。

为了扎实推进这三个行动计划，我们分别制定了实施方案，采取了一系列具体措施，有步骤、有计划地予以推进。比如，我们在实施“修远行动·教师阅读计划”中，区教委为全区教师推荐了130种阅读书目，引导广大校长和教师潜心阅读从苏霍姆林斯基的《和青年校长的谈话》《给教师的建议》到《课程的逻辑》《第56号教室的奇迹：让孩子成为爱学习的天使》《教育大未来》等图书，同时还实施了“校长教师职业发展培训项目”“教育家成长培养工程”等一系列培训项目。我们在实施“家长教育行动计划”中，采取了建立健全“家长委员会”，创建“家长同学会”，建立“家长学校”，办好“千名教师访万家”“万名家长进课堂”活动，举办家长教育系列活动，培养家庭教育专业队伍，开展“家校合作共育”课题研究，组建家长教育专家指导组等工作措施，并制定了《学校家长委员会设置与管理办法》《学生家长同学会建设指导意见》《家长学校设置与管理办法》等。2014年，《人民日报》《光明日报》先后报道了九龙坡区第一实验小学开展“好家风”主题教育活动的情况；《中国教育报》以“心灵不荒芜才是教育大‘道’”为题报道了我区推进师生阅读的情况。

在区域教育管理中，无论是常规管理，还是资源配置，抑或是评价考核，都需要我们用心用力，并力求事半功倍。我们所实施的三个行动计划，其实就是希望形成三个强大的“杠杆”，以全力撬动教育活动中的三个基本群体，力图让这三个基本群体都能够因教育的美好而幸福成长。这三大行动计划之间，是相互咬合、相互推动、相互促进的关系，形成了一个良性互动、循环促进的有机体。这三个行动计划都聚焦于一个关键词，那就是“成长”。教师的成长，家长的成长，必然带来学生的健康成长。有这样一句话，“家长好好学习，孩子天天向上”，说得很有道理。

我们推进的这三个行动计划，都离不开对教育规律和人的成长规律的尊重，其核心目的都是传承教育的信仰和精神、贴近教育的本原与要旨。随着这些措施的落实，喜人的变化已经发生，深刻的改变还在继续。而这种改变，正是我们期望实现的“五个改变”：教师工作状态的改变、学生成长状态的改变、课堂呈现状态的改变、学校发展状态的改变、家庭教育状态的改变。近年来，我区许许多多教师对教育的伦理价值有了全新的认识，纷纷发出这样的感慨：“教育和教书，区别好大!”“用生活，用心，就能带着孩子们长大!”“以后这就是我的事业了，值得付诸一生的事业!”重庆市教育评估院发布的《2013 年重庆市基础教育质量监测结果报告》显示，九龙坡区在重庆市基础教育质量监测的学生学业发展、身心健康、兴趣特长、行为习惯、学业负担、课堂教学 6 个方面的 16 项指标中，有 6 项指标居全市 40 个区县第一位，其余各项指标也均居全市前列。

教育生态的改变才是最为重要、最为深刻的改变。这种改变，正是我们推进区域教育综合改革的根本目的所在。而这种改变，与其说是一种困境突破，不如说是一种记忆重拾。正如新加坡总理李显龙在就职演说时讲的一句话：“把教育还给教育”，所以，我们近几年来的这些探索与实践，一言以蔽之，那就是：努力办真正的教育，让青少年学生浸润在教育原本就有的美好与崇高之中，健康而快乐地成长。

# 目录

## 第四章　区域性学校课程体系建设的稳步开展



## 第五章　师生阅读计划和家长教育行动计划的深入实施



## 第六章　区域教育综合改革实验成果

# 前言

九龙坡区是重庆市主城核心区，辖区面积约 432 平方公里，辖 8 个街道、11 个镇，总人口约 118 万。全区有公办中小学（幼儿园）80 所，在校学生约 17 万人，在编教职工近 8000 人。全区坚持民生导向，着力建设经济领先的活力之区、宜居宜业的幸福之区、民生共富的首善之区，致力于让每一位市民都感受“品德人生”，置身“品位城市”，享受“品质生活”，共建共享“美好九龙坡”。

区委、区政府历来高度重视教育，坚持把教育摆在优先发展的战略地位，大力实施“科教兴区”和“人才强区”战略，推动全区教育事业全面、协调、可持续发展，为推动地方经济社会发展做出了重大贡献。随着统筹城乡教育、特色学校建设、生本教育课改等重大工程的开展，全区教育驶上了均衡、优质、特色发展的快车道，成为全市素质教育实验基地、中小学德育示范区、教师继续教育实验区、基础教育课程改革实验区。

2012 年 6 月 26 日，中国教育科学研究院与重庆市九龙坡区政府正式签署合作共建“教育综合改革实验区”协议，九龙坡区成为继杭州下城、成都青羊、大连金州、深圳南山、宁波鄞州之后与中国教科院合作共建的第六个国家级“教育综合改革实验区”。

中国教科院与九龙坡区共建教育综合改革实验区，其目的是强化教育科研先导，促进教育内涵发展，全面提升区域教育现代化水平。在合作共建中，着眼于率先实现区域教育现代化这一奋斗目标，着力于推进教育内涵式发展，以教育科研为先导，以改革创新为动力，以提高质量和水平为核心，大力推动九龙坡区实施“品质课堂、卓越学校、现代教育”三大发展战略，着力构筑“人文、科学、民主”的九龙坡教育“三支点”，着力调绘“爱心、书香、理性”的九龙坡教育“三原色”，着力形成“公平、个性、卓越”的九龙坡教育“三特质”，加速推进区域教育现代化、现代教育多元化、多元教育个性化、个性教育卓越化，全面提升九龙坡教育发展质量，办好让人民满意的教育，努力把九龙坡建设成为“品质课堂集成带、卓越学校旗舰地、现代教育示范区”，为建设“美好九龙坡”提供强有力的智力支持、人才支撑和知识贡献。

实验区建立以来，合作双方紧紧围绕建设“教育强区”、率先实现教育现代化总体奋斗目标，按照“院区共建、整体推进、科研引领、创新发展”的院区合作方针，坚持“高起点、低切入、重实效”，以教育科研为引领，以人才培养模式改革为核心，以项目实验为载体，以课堂建设为重点，以教师队伍建设为根本，以提高教育质量和发展水平为目标，积极开展合作共建，大力推动区域教育改革与发展。

区委、区政府领导多次专门研究教育综合改革工作，多次与中国教科院领导会商改革工作，从政策、资金等各方面对实验区建设给予强力保障。中国教科院派出王新波等专家组成驻区专家组，实地参与和指导实验区工作。2012 年，首批有王新波、马雷军、曹培杰 3 位专家，王新波为驻区专家组组长。2014 年，调整为李继星、曹培杰、刘永福、王明建 4 位专家，李继星为驻区专家组组长。九龙坡区同步成立院区合作办公室，安排专人负责日常工作。院区双方建立了联席会议机制，让教育改革工作按照协议要求顺利推进、实施。

三年来，院区双方在制定区域教育现代化发展和规划、促进教师专业化发展、提高教育管理效能、探索素质教育成功经验、建立教育质量监测体系、建立教育综合改革实验区联席会制度等内容上开展深度合作——深入研究了新时期我国教育发展的新情况、新特点、新任务及其在九龙坡区的具体表现，促进了教育综合改革实验区教育质量的全面提升，提炼了实验区的教育经验，推广了有价值的教育模式，形成了迅速可靠的教育信息反馈机制，为国家教育政策的制定、执行和调整提供了重要参考，进而促进了区域教育事业的健康发展。

院区合作共建有效地改变了九龙坡区教育文化生态、校长的精神状态、教师的工作状态、学生的成长状态、课程和课堂的呈现状态、学校的发展状态，九龙坡教育生态发生了明显变化。

# 第一章

# 实验区三大战略的系统推进

教育是最大的民生，关乎每一个学生的未来，关乎每一个家庭的幸福，关乎全社会的和谐稳定，关乎民族国家的兴旺发达。在深入分析教育发展新形势的基础上，2012年初，九龙坡区教育委员会正式提出并立即实施了“品质课堂、卓越学校、现代教育”三大发展战略，着力构筑“人文、科学、民主”的九龙坡教育“三支点”，着力调绘“爱心、书香、理性”的九龙坡教育“三原色”，着力形成“公平、个性、卓越”的九龙坡教育“三特质”，按照“高位策动、高端搏动、高质行动”三大工作思路，加速推进区域教育现代化、现代教育多元化、多元教育个性化、个性教育卓越化，全面提升九龙坡教育发展质量，办好让人民满意的教育，努力把九龙坡建设成为“品质课堂集成带、卓越学校旗舰地、现代教育示范区”，为建设“美好九龙坡”提供强有力的智力支持、人才支撑和知识贡献。

# 第一节

# 品质课堂

品质课堂就是在遵循教育规律和人的成长规律的基础上，在具体的教学实践活动中，实现质量、效率与品位追求和谐统一的课堂。

品质课堂既是一种目标引领，又是一种价值取向，更是一种境界追求。其基本内涵包括以下两个方面。

一是彰显高品位的教育理想。品质课堂是关注人的全面发展和生命潜能有效激发的课堂，是师生共同成长和实现自我理想的课堂。课堂中师生双方互相接纳、互相敞开、互相理解，学生通过与教师的相遇而成长，教师通过与学生的“对话”而教育，从而达到共享知识、共享智能、共享人生的价值和意义，获得整体的精神世界的建构。

二是追求高质量的教学效果。品质课堂坚持“以生为本、质量为先”的原则，以教学的优质、高效为根，以学生的持续发展为本，追求在有限的学习时间内，优化教学流程，实现优质、高效的教学效果，最大限度地提升学生“阅读、思考、实践、交流、创新”五种学习力，以适应未来社会的需要。

以下是我们践行品质课堂的具体做法。

## 一、品质课堂的实施

坚持“顶层设计与分步实施相结合，全面推动与突出重点相结合，自上而下与自下而上相结合”的三结合原则，遵循“学习培训—调研分析—资源开发—实践探索—展示交流”交叉推进的方式，建设品质课堂，深化课堂教学改革，落实立德树人的根本任务。

（一）组织学习培训

依据不同学习主体的特点，区教委组建了三类共同体，即以教研员、名师、特级教师或骨干教师为主体的学科教师共同体，以毗邻学校为主体的校际共同体（中小学之间、小学之间、中学之间），以同一学校师生为主体的师师、师生、生生共同体，深入钻研学习《国家中长期教育改革和发展规划纲要（2010—2020 年）》、国家新课程标准及其阐释的文献、品质课堂六元素的内涵等课程建设的学习资料。辅之由中国教科院驻区专家组指导的，由区教委及教师进修学院组织开展的专题式、讲堂式、案例式、任务驱动式、考察学习式培训活动，加深教师对学习内容的理解和认识。

（二）开展调研分析

为了更为全面地掌握全区学校课堂教学的实际状况，明确课程教学改革的生长点和着力点，特别是每一所学校在课程教学的专业性、全然性、趣乐性、思辨性、践习性和化成性等方面的实际实施状况，中国教科院驻区专家组和区教师进修学院通过问卷调查、走访学校调研的方式，对全区校长参与课改情况、教师教学现状、学生学习现状、资源媒体应用情况等方面，做了全面而又有针对性的调研，提出了具有可行性的改进方案，撰写出关于全区以及每一所学校的课堂教学建设状况和下一步如何进行课堂教学改革的研究报告，供教育行政决策参考，营造了“品质课堂建设是全区学校课堂教学改革的生长点和着力点”的良好氛围。

（三）开发课程资源

中国教科院驻区专家组成员与区教师进修学院人员一道，从品质课堂建设的理论研究、实施工具、建设途径等方面入手，开发出了包括理论基础、建设途径、教学方式、教学内容、教学评价等在内的系列课程建设资源，为品质课堂的建设提供了理论支撑和实践保障。从学科教研、校际联合教研、校本教研、课堂观察与分析等已有的课堂教学研究实践中，总结提炼出了品质课堂建设可资借鉴的经验与做法，形成了品质课堂建设的策略与途径；针对“被动学习、低效学习”的课堂学习方式，在充分领会新课程倡导的自主、合作、探究的学习方式的基础上，优化整合主动学习、合作学习、快乐学习等多种学习方式，形成了区域层面品质课堂教学的基本模式；通过对课堂教学评价研究与实践成果的纵向梳理归纳和横向比较，并结合学科课程标准和品质课堂“六元素”，以及学科特点和知识“本质”，研制出了切实可行的品质课堂多元评价标准，为全区学科品质课堂建设提供科学的操作依据和有效的评估工具。

（四）进行实践探索

品质课堂的建设采取中国教科院驻区专家和区教师进修学院骨干教研员指导下的“以学校为主体、以部分名师为示范、以课题研究为抓手、以资源建设为保障”的探索策略。学科教研员蹲点一个年级，深入一个班级，参与、组织、引领学校实施品质课堂，培育好“学科试验田”；各校组建品质课堂师生共同体，建立学科研究组，以“六要素课堂评价标准”为引领，以课堂为载体，采取同课异构、同案异教、挑战名师等多样化的校本研究方式，大胆进行实践探索，建设校本品质课堂；发挥九龙坡区“学科名师工作室”成员及名特教师、市级骨干教师的引领和带头作用，以其示范引领，推进品质课堂建设；建设品质课堂课例资源库、学生成长资源库、特色教研案例资源库（区域教研和校本教研），优化教学教研资源，为品质课堂建设提供资源保障。

（五）搭建交流平台

在区域层面，搭建九龙坡教育论坛、九龙学术活动周、“九龙杯”青年教师素质大赛、课改成果评选、课改现场会等平台，展示交流学校品质课堂建设的成果与经验，评选出品质课堂建设的先进学校，发挥其带头示范作用。在校际共同体层面，发动毗邻学校以共同教研活动为载体，交流品质课堂建设的经验与问题，评选出品质课堂建设的先进集体和先进学校。在学科教师共同体层面，鼓励教师积极实践品质课堂建设，尝试课堂教学实践创新，以上观摩课、示范课、家常课等形式，交流经验，共解困惑，以赛上课、赛说课、赛教学设计等方式，评选品质课堂建设的先进教师，有力地促进了区域、学校、学科间协调发展。

在上述实践探索的基础上，全区形成了一批具有区域特色的品质课堂建设成果，打造了区域课堂教学特色，对全市乃至全国的课堂教学改革起到了辐射作用，提升了九龙坡教育的影响力。

## 二、品质课堂的评价

以品质课堂六元素的具体内涵为根本依据，结合具体学科课程的特点，在中国教科院驻区专家的指导下，区教师进修学院组织全区教研员、学科骨干教师等多方面力量，共同研制出了基础教育各学科课程品质课堂实施的评价标准及量表。多次组织由驻区专家以及区内教研员、校长、教师等参加的以征求对评价标准和评价量表的意见为目的的座谈研讨活动。同时，结合在部分学校和部分学科的试用情况，总结反思、深入研究、修订完善，最终确定：品质课堂的评价标准及量表，在结构上设计为评价项目和评价标准两个维度，在项目上设计为“专业性、全然性、趣乐性、思辨性、践习性、化成性”六个项目，在内容上设计为六元素与学科课程特点的融合。下面以义务教育小学数学品质课堂的评价为例，做一扼要介绍。

（一）专业性

所谓专业性就是能够准确把握课堂教学的本质要求，正确处理教学中的基本关系，注重学科知识的整体性和学科之间的联系，充分体现执教者的教育专业素养和学科的专业特色。

1. 数学素养

具有深厚的数学素养和数学文化底蕴，能准确把握数学教学规律和特点，准确理解学习内容所反映的数学思想方法，熟悉教材各部分内容的内在联系。数学语言严密准确，作图标准熟练，板书工整实用。

2. 设计能力

在学习需要分析、编制教学目标、设计教学过程、选择教学策略、评价教学设计等方面的能力强。教学设计有利于学生主动进行观察、实验、猜测、验证、推理与交流等数学活动，关注学生知识形成的过程及在活动中的数学经验的积累，注重过程中对学生进行思维训练及数学思想渗透。

3. 课堂实践

课堂驾驭能力强，善于鼓励、引导、组织教学，评价有技巧。教学思路清晰，重难点突出，善于捕捉课堂生成的信息，富有教学智慧，能合理选用、熟练操作教学媒体。合理分配时间，张弛有度。

（二）全然性

1. 面向全体

相信每个学生都能成功，使不同学力水平的学生得到不同程度的提高。关注差异，注重启发式教学和因材施教。教学内容制订具有层次性，使每个学生都能有所“求”；解题方法传授要体现全面性，使每个学生都能有所“悟”；知识巩固训练要彰显针对性，使每个学生都能有所“升”。

2. 面向全程

注重学生学习全程的积极性的调动、学法的指导和技能的习得及数学情感的培育。在课堂导入时，采用丰富、适合的情境或有挑战性的问题等激发学生的学习热情；在新知学习探究中，让学生在猜测、验证、体验过程中感受学习和探究的乐趣；在练习中，让学生不断强化已习得的知识和能力，并成功解决问题，深刻感受学习成功的乐趣。

（三）趣乐性

1. 课堂氛围

师生、生生互动性强，学生学习兴趣高昂，情绪饱满，课堂参与面达百分之百，发言面不低于三分之一。在教学中，教师善于创设民主、平等、和谐的学习氛围，设置一些能够激发学生学习兴趣、主动参与的数学活动，让学生想学、会学、能学、乐学。

2. 情感体验

培养好的习惯，一是读书习惯，二是质疑习惯，三是思考习惯，四是操作习惯；体验成功的乐趣，一是在赞美中享受成功，二是在交流中感受成功，三是在测试中获得成功；感受美的熏陶，感受数学图形的美观，体会数学内容的美好，体验数学技能的美妙，发现数学内涵的完美，提升学生欣赏和创造美的能力。

（四）思辨性

1. 问题导学

教师要基于学生最近发展区和教学重难点设计具有启发性、思考性的数学问题，促进学生探究和思考。教师要把握提问时机，提问清晰、简洁，适时引导、点拨、追问，把学生的思维引向深入。

2. 数学思考

在参与观察、猜想、实验、证明等数学活动中，发展学生分析、综合、判断、推理等逻辑思维能力，引导学生体会对应、化归、模拟、分类、数形结合等数学的基本思想和思维方式，拓宽学生独立思考、反思质疑的空间。

3. 交流辨析

学生思维活跃，愉快地与人分享学习成果；认真倾听并努力理解别人的思路，有条理地表述想法；对于概念善于辨别分析其异同，对于不同解法能辨别分析其优劣，争辩时能说出依据，发生思维碰撞时能坚持真理、修正错误。

### （五）践习性

1. 联系生活

数学活动设计应尽可能地利用学生生活中的情景和数据编制数学问题，体现数学与生活的紧密关系。数学教学应尽可能地创造机会，让学生运用所学知识探索和解决日常生活中和其他学科学习中简单的实际问题。

2. 活动体验

让学生在课堂上有足够的时间和空间进行观察、实验、猜测、计算、推理、验证，感受知识的发生和形成过程，增加学生的基本活动经验。

3. 问题解决

重视学生问题意识和问题解决的综合能力的培养；重视解决问题在策略上的多样化和最优化；练习设计有层次性，给学生留有充足的独立练习时间。

### （六）化成性

1. 教学效果

探究活动有成效。充分调动学生学习的积极性、主动性和创造性，让学生充分参与教学活动，提升其思维能力。从学生已有生活经验出发，让学生亲历将实际问题抽象成数学模型并进行解释与应用的过程，发展学生的数学能力。使学生扎实掌握基础知识，让各层次学生都学有所得，教学目标达标率不低于百分之九十。

2. 师生发展

学生形成数学思维和分析问题的意识，好学、善学、乐学，形成善于思考、敢于创新的思维品质和良好的数学素养。教师在使学生获得成长的过程中得到了较好的发展。

## 三、品质课堂的研究

基础教育课程改革十多年的历程告诉我们，“改到深处是课堂”，教育理想与教育现实之间的平衡点最终也在课堂。为了深入推进品质课堂建设，我们把品质课堂的研究聚焦于课例研究，聚焦于“原汁原味”的课堂，通过一节课的全程、片段、细节的细致观察和深入反思，探讨问题产生的背后原因及影响，寻找问题解决的策略和方法。着力关注教师对自我教学行为的持续跟进与反思，促使教师课程研究素养的提升。九龙坡区中小学品质课堂教学课例研究有以下特点。

一方面，它不是“就课论课”的经验之谈，而是以全区先期提出的“专业性、全然性、趣乐性、思辨性、践习性、化成性”六元素为核心的品质课堂建设为目标，建立起课例的分析框架，即注重对课例从“主题与背景、情境与描述、讨论与反思”等几个主要部分进行分析探讨，这不仅体现了自我的价值取向，也反映出一定的科学性。

另一方面，每个课例都在一定程度上反映了学科品质课堂建设中需要改进与提高的教学实践问题。选择的课例多是课堂教学实践的好经验、好做法，其体现的实践性、示范性值得充分肯定。

2015 年 3 月，由九龙坡实验区编制的《中小学“品质课堂”教学课例》一书在重庆出版社出版发行。该书汇集了品质课堂建设以来的具有代表性的课堂教学实录及其教学反思和研讨分析，代表了品质课堂实践的阶段性成果。这既是品质课堂建设阶段性成果的具体呈现，彰显品质课堂建设的辛勤果实，也是进一步推进品质课堂建设的基点和指路灯。

## 第二节

## 卓越学校

卓越，即“卓然独立、越而胜己”。卓越学校在追求办学理想高品位、办学效益高标准的基本要求下，在具体办学过程中，继承学校优良传统，面向人类未来社会，形成学校独特的文化，促成师生热爱学校的氛围，获得社会高度的认同。卓越学校既依法依规办学，又彰显办学特色；既完成规定的教育教学任务，又培养出具有鲜明学校印痕、能让学校和家长感到自豪的大批学生。

卓越学校具体应该包括：卓越的学校文化体系，卓越的学校课程体系，卓越的教学（特别是课堂教学中的因材施教、个性化教学等），卓越的公民素质养成教育，卓越的教育评价体系，能够适应人类未来发展对人才需求标准的卓越的育人效果。

## 一、“卓越学校”建设的启动

2012 年，区教委陈瑜主任在 2 月 23 日的开学工作会上第一次提出“卓越学校”建设。

2013 年 1 月 12 日，区教委正式组建了“卓越学校”项目组，负责“卓越学校”建设的日常工作；1 月 16 日，开展“卓越学校”建设专家论证会，邀请了西南大学原常务副校长宋乃庆教授、重庆师范大学黄翔教授、重庆第二师范学院邹渝教授等专家进行科学论证；2 月 22 日，首次提出了“卓越学校”建设的九大标准，并正式启动“卓越学校”建设。随即，各校按照“卓越学校”建设的九大标准，选择适合自己学校的一个或几个方面开始实施。各校立足本校实际，在深入学习、深入思考的基础上，逐渐形成了创建思路及工作流程，建立了相应的领导机构，形成了切实可行的创建方案，分解了计划、目标，明确了分工和责任，并切实做好了自我宣传和对外沟通等工作。

2014 年，区教委第一次把“卓越学校”建设纳入办学水平综合评价。同时，区教委出台了《九龙坡区“卓越学校”建设指导意见》（讨论稿）；项目组设计了调研问卷，组织相关人员到各个学校进行调研，完成了“卓越学校”建设的调研报告，初步形成了《九龙坡区“卓越学校”评估标准》（讨论稿）。

2015 年，各校依据本校“卓越学校”创建方案，扎实推进。

## 二、卓越学校的评价

对卓越学校的评价，是与对卓越学校的认识密切相关的。怎样区别卓越学校与合格学校？在卓越学校与合格学校之间，是不是还有另一种学校？升学率高的学校，是不是卓越学校？带着这些问题，我们在思考、在行动。

项目组根据区教委陈瑜主任提出的“卓越学校”九大标准，积极查阅资料，赋予九大标准具体内容，多次研究、反复修改，形成了“卓越学校”建设的九个具体标准，内容如下。

一是办学理念科学化。学校的办学理念应当立足学校实际，尊重教育规律，体现教育方针，具有时代特征，彰显学校特质，反映校长和广大教师的共同愿景。

二是队伍素质专业化。教育科研和校本培训机制完善，形成一支优秀的管理团队和一支师德高尚、业务精湛、结构合理、充满活力的高素质专业化的教师队伍。

三是办学条件标准化。学校的硬件建设要达到国家和重庆市制定的办学基本标准，能够满足学生入学和在学校学习、生活、活动等基本要求。

四是学校管理制度化。坚持民主办学、依法办学，以建立现代学校制度为核心，依法完善和落实校长负责制，学校管理制度健全，运行机制科学、规范、高效。

五是课堂教学品质化。认真落实新的国家课程标准，深入推进课堂教学改革，着力打造品质课堂，全面提升课堂教学质量。

六是学校发展特色化。学校坚持全面贯彻教育方针，从本校实际出发，在办学实践中经过长期发展与自然积淀，逐步形成独特、稳定、优质的办学风格和整体的个性风貌。

七是教育行为人本化。坚持把以人为本的理念落实到学校管理和教育教学工作的各个环节和层面。

八是教育效果优质化。学校具有较高的教育教学质量，能够为学生提供适合的教育，促进每一位学生健康成长，并为学生终身发展奠定良好基础。

九是社会评价美誉化。学校形成了优良的校风、教风和学风，树立起良好的社会形象，赢得教育行业、专家和社会公众的普遍认同和广泛赞誉。

目前，区教委根据九大标准制定了具体的细则，将根据细则开展区域内卓越学校的评选与确认工作。

## 三、卓越学校的示范案例

谢家湾小学、重庆高新区第一实验小学（简称高新实验一小）、铁路中学、杨家坪中学的目标比较明确，特色比较突出，在全市甚至全国范围内都有一定的影响，有的已经成为卓越学校，有的在逐渐接近卓越学校的系统标准。

### （一）谢家湾小学

谢家湾小学在“六年影响一生”办学理念的引领下，依据《基础教育课程改革纲要（试行）》精神，从课程整合入手，确立“一切有积极影响的元素都是课程”的课程理念，以“让每一个孩子按照自己的优势去发展”为培养目标，建构了学科课程、社团课程、环境课程三类一体的“小梅花”学校课程体系。学校将原有的十余门课程整合为五门课程，学生上午学习学科课程，下午参加社团课程。这一做法带来教师岗位、工作方式、评价体系、管理模式的综合变革，从而推动了小学教育的综合变革，促进了学校的整体发展，在全国引起了很大的反响。

1.“三类课程”系统实施

（1）学科课程——真正减轻学生课业负担。学科课程是学校教育的保障和内核。在保障国家课程目标不降低、内容不减少的前提下，学校将已有的十余门课程整合为阅读与生活（涵盖语文、写字、品德与生活、英语等）、数学与实践（涵盖数学、思维训练、综合实践等）、科学与技术（涵盖科学、科技、信息技术等）、艺术与审美（涵盖音乐、美术、生活艺术等）、运动与健康（涵盖体育、健康教育、男孩女孩等）五门课程，以长短课结合、跨学科教学、合作教学等方式实施。学科课程主要集中在上午完成。内容上加强学科联系，避免交叉重复；执教中打破学科界限，充分结合教师的学科背景、思维方式、特长爱好，鼓励教师跨学科教学，针对每个教师的优势进行个性化排课。这样的整合更加符合小学阶段基础性、综合性的学习规律，切实减轻了学生的课业负担。

（2）社团课程——让每个孩子按自己的优势去发展。社团课程是选择和补充。学科整合为学生发展赢得了更多的时间。在保障国家课程不减少、不降低的前提下，低段学生每天下午都自由参加社团选修，中段学生每周有三天下午参加社团选修，高段学生每周有两天下午参加社团选修，其余进行艺体必修。这一安排契合了小学生从感性到理性的认知发展规律。选修内容包含了综合实践、体育锻炼、艺术创作、语言表达、思维拓展五大类100余个社团活动，由教师、家长、社会各界志愿者共同担任导师，通过走班选修、拓宽时空、增加设施等举措，最大限度地满足孩子基础性、自主性、选择性学习需求，让每个孩子按自己的优势去发展。

（3）环境课程——校园即课堂，一切皆课程。环境课程是前提和基础。基于学生的立场、体验、收获，学校通过建设环境文化、营造人文氛围、开展实践活动、凝结教育合力等，构建了校园物理环境课程、学校人文环境课程、家庭生活环境课程、社区实践环境课程，潜移默化地影响学生。

2.“四种策略”纵深推进

（1）课题统领。一是将龙头课题与学校全局工作深度融合。学校依托中国教育学会重点课题“学校主题文化的实践研究”和全国教育科学规划课题“学校文化促进学生全面而有个性发展的实践研究”，从价值文化、课程文化、管理文化、教师文化、学生文化、环境文化六大维度系统推进，让科研统揽学校全局工作并渗透到日常教育教学各个环节和各个领域。二是在重点领域纵深推进专项研究。学校在课堂建设、教师培训、校本课程、课程制度等多个方面承担多项专项课题。三是广泛开展师生小课题研究，让研究成为一种习惯和常态。

（2）非行政化推动。学校通过“自下而上”非行政化推动的方式开展研究，吸纳有专业追求和理想的优秀教师，组建了“红梅研究室”。这些教师深入各年级组开展活动，构建伙伴式、合作型的学习团队，让研究成为常态，实现共同开发课程的创生共享形态。

（3）多元整合。一是课程内容的整合。在教学实践中，教师以主题方式对课程内容进行整合，将零碎的知识点整合成结构化的知识网络，创生出了学科之间的整合、教材内外的整合、多版本的整合等横向整合方式，以及同学科不同年段之间的纵向整合。课程内容的整合不但丰富了教学资源，而且让教师形成了“生活中的一切资源都可以成为教学内容”的课程意识。二是人与课程的整合。学校鼓励教师跨学科教学，从教多个班级的一门学科变为教一个班级的多门学科，解决了一直困扰教师的“跑班”状态。教师有了更多的时间与学生相处，可以深度了解学生。学校还倡导教师将自己的兴趣、爱好、特长融入教学，形成独具特色的教学风格。教师对学生的关注由原来单一的学科学习成绩转变为学生作为人的综合成长状况。三是人与人的整合。新的课程体系对教师提出了新的挑战，单打独斗式的工作方式已经不能适应课程改革的需要。新的课程格局倒逼教师与家长合作沟通、与同事合作研究，共享智慧，倾听学生心声。在“小梅花”课程体系建设中，教师层面真正实现从“我”到“我们”的转变。四是校内外资源整合。学校邀请各行业家长参与到学校监督与管理甚至是教学中来。每周一下午的“朵朵讲坛”，家长们走上讲台和孩子们一起分享经验、交流情感。学校邀请教育同行与专家来校参观指导，牵头与区内外各学校组建课改联盟，推动校外社会实践活动课程化。

（4）战略推进。一是整体规划。学校制定了明晰的五年规划，从课程文化、环境文化、教师文化、学生文化等方面深入实施，形成“孩子的终身发展是学校教育的灵魂”的教育价值取向和“一切有积极影响的元素都是课程”的课程理念。二是局部实施。学校于 2008 年将十字绣、合唱、篮球、书法、主持、影视表演、男孩女孩等 72 种校本课程进行优化调整，从学习时间上将分散在每天最后一节课的兴趣活动调整为集中在每个星期四下午。这个半天开展半日选修活动——组织方式上从分班分年级学习改为打破班级界限实行

"走班制"；师资安排上推行"主教负责、助教协作"制度和"校内为主、校外补充"制度。学校支持综合素质好、研究探索热情高的一部分教师进行跨学科教学。三是全面推进。学校成立课程中心和社团中心，在对300余名课程专家和600余名教师进行调研的基础上，经过反复论证，将国家课程、地方课程、校本课程三级课程深度融合，构建三类一体的"小梅花"学校课程体系，并在全校范围内实施。

3. 改革成效明显，影响深远

谢家湾小学以课程整合为核心，构建了彰显学校特质的"小梅花"课程体系。这一做法带来教师岗位、工作方式、评价体系、管理模式的综合变革，促进了师生发展。

（1）研究成果。学校建立了课程整合研究机制，构建了富有特色的"小梅花"课程体系，提炼了五大学科精神，深度剖析了十几个学科12册的教学内容，重构了50万字的课程目标，撰写了2000余个优质教案设计，研磨了100余节典型课例，形成了五大学科的新评价方案，开发了《生活艺术》《男孩女孩》等12种校本教材，目前已经编写了六大学科的教材，正式出版了"小梅花课程丛书"。

（2）学生发展。学生在"小梅花"课程体系的学习中，变被动接受信息为主动参与实践，喜欢上学、积极向上、乐于交流、敢于质疑。学校从内容、形式、途径上优化了学生的学习方式、学习态度和学习效果，促进了每一个学生全面、主动、和谐、个性化发展。重庆市评估院质量监测显示：学生在学业成绩、综合素质、个性品德方面都得到了高水平的和谐发展。学生获国家级奖项580人次，7000人次参与省级以上交流活动，13幅书画作品挂在世博会中国馆，合唱团、舞蹈队代表重庆赴中国香港、白俄罗斯表演交流。

（3）教师发展。教师逐步走出了唯教材、应考试而教的泥潭，形成了常态的"伙伴式、合作型"研究共同体，实现了从知识育人到文化育人的转变。教师在国家级赛课中获奖130余人次，核心刊物发表论文121篇，骨干教师应邀在云南、宁夏、内蒙古等地分享课改经验50余人次，名师展示课、送课下乡等80余节。刘希娅校长应邀到北京、上海、深圳等地做专题报告293场，培训中小学校级干部6万余人次，办学经验在"中国教育学会年会""全国校长高峰论坛"等国家级会议上交流30余次。

（4）学校发展。学校以课程整合促进教育教学综合改革，从制度管理走向文化育人，呈现健康、稳健、可持续发展态势。在获得"全国教育系统先进集体""全国学校艺术教育先进单位"等32项国家级荣誉后，2014年又荣获"全国专业技术人才先进集体""基础教育国家级教学成果二等奖"。2014

年4月7日，中央电视台《新闻联播》报道了学校课程体系建设情况。中央电视台《新闻直播间》《社会与法制》等栏目专题报道学校课改经验9次，《人民日报》《中国教育报》等主流媒体专题报道学校课改工作39次。学校还被列为教育部课改实验基地、教育部“影子校长”培训基地和多个市区县的教师培训基地，帮扶农村学校35所。美国、英国、加拿大以及北京、天津、江苏等地教育同行共计组织了835团次到校考察参观。如今，学校正与山东、重庆、北京、天津、深圳等十几个省市的学校共同分享课改成果，同步推进课改进程。

（二）高新实验一小

为了推进九龙坡区教育发展，实现九龙坡建设“教育强区”的目标，办人民满意的教育，高新实验一小以“队伍素质专业化”为突破口，进行卓越学校建设的探索和实践。这一行动不仅彰显了学校的办学特色，还打造了一支专业水平高、专业素养好的教师队伍。

1. 各美其美——教师个人专业化发展

三年来，高新实验一小教师的个人专业化发展呈现出百花齐放、各美其美的大好局面，在各个学科涌现出了众多优秀青年教师。

2012年4月，邓剑东老师在重庆市第七届小学语文青年教师教学技能大赛上荣获一等奖第一名；2013年11月，邓剑东老师在全国第五届小学语文教师素养大赛上荣获一等奖及特长奖；2014年10月，邓剑东老师在2014年全国小学语文教师教学观摩比赛中荣获特等奖。三年来，邓剑东老师在全市乃至全国各地执教观摩课数十节，受到与会专家和老师们的一致好评。

2014年4月，周煦琅老师荣获重庆市第八届小学语文青年教师教学技能大赛一等奖。2014年9月，李雨佳老师荣获全国十四城市体育赛课活动一等奖。2014年10月，周雪梅老师荣获全国十省市区小学数学教学观摩活动一等奖。2015年3月，徐怡老师荣获重庆市第二届英语“外研杯”优质课大赛一等奖。2015年4月，韩平老师的教育故事集《走在路上》正式出版，并开通了微信公众号，向更多的家长、老师分享她的教育故事和教育智慧。

学科教师个人专业化发展走上了快车道，彰显了“美的教育”学科特色，这也正是学校“各美其美、美美与共”的办学愿景。

2. 美美与共——教研团队专业化发展

为什么短短三年，高新实验一小能够取得这么喜人的成绩呢？这要归功于学校在每一次赛课或观摩课活动中都充分发挥了集体的智慧和团队的力量。

基于学科发展和教师成长，高新实验一小组建了学术委员会。学术委员会下设学科理事会——教研团队。学校建立了常备的、完善的和优秀的教研团队，以支持学校的教研课改发展，助推青年教师成长，提升教师参加各级各类赛课和公开课的专业水平。一个个教研团队，形成了各个学科的教研课改支柱，为学校的多方位、特色化发展提供了学术支持。

显而易见，一个学校教研团队的专业化发展水平与速度，直接影响着这个学校的课程改革与教学改革的效果与进程。这个教研团队如果走在了改革的前列，那么，学校的教研水平就能领先于全市乃至全国。

3. 以美促美——教师梯队专业化发展

2014 年 11 月，在邓剑东老师参加全国小学语文赛课后的总结交流会上，指导邓剑东老师的学校教研团队和工作室成员齐聚一堂，同时参会的还有青年教师优秀代表——参加重庆市第八届小学语文青年教师教学技能大赛荣获一等奖的周煦琅老师，以及新教师优秀代表——刚参加工作两个月就在学校“高新杯”赛课上崭露头角的汪君姣老师。当看到高新实验一小老、中、青、新四个层面的优秀教师与会时，重庆市小学语文教研员乔桦和张咏梅老师一致赞叹：“学校对于教师梯队可持续发展的重视与落实让人佩服！”

不仅语文学科如此，对青年教师和新教师的培养，高新实验一小在各个学科都做了充分的远景规划。在一批又一批优秀教师的发展历程中，我们看到了高新实验一小教师梯队专业化发展、可持续发展的美好前景。高新实验一小正是用这种“以美促美”的方式，在老、中、青、新四代教师的“传、帮、带”过程中，展现出蓬勃的发展之美和青出于蓝的传承之美。

4. 玉成其美——青年教师专业化发展

2014 年 12 月的《语文教学通讯》以专栏的形式介绍了高新实验一小刘建英老师主持的青年教师成长工作室，在全国范围内产生了较大的影响。2015 年《小学数学教学》杂志讲述了周雪梅老师的成长历程。青年教师成长工作室在多位教师的成长历程中都起到了助推作用，为多个学科的赛课活动提供了支持和帮助。同时，青年教师成长工作室的成员在教师个人的专业素质自我培养上，在教学技能和教育智慧的学习上，对学校其他青年教师起到了很好的表率作用。

可见，一个学校如果能有一个有着共同事业志趣的优秀教师工作室，就能够对学校的教育教学质量产生深远的影响，能给青年教师的成长奠定坚实的基础，能为优秀教师的发展提供更高更好的平台。而一个学校教师工作室发展的专业化程度，也能折射出这所学校的办学理念和教育教学研究的水平。

从高新实验一小“美的教育”特色办学的发展轨迹中不难看出，教师队伍的专业化发展可谓是卓越学校建设的“软实力”，学校特色化办学可谓是卓越学校建设的个性标签。这个个性标签不是噱头，而是一种教育理想的彰显、教育理念的革新、教育改革实践的探索和学校教育文化的传承，“软实力”是学校办学特色化的重要保证，二者相辅相成、互为补足、互相助力。

鼓励“教师走出去”，让学校教师在各种赛课和观摩课活动中崭露头角，向全市乃至全国的教师展现学校的“软实力”；实行“名师走进来”，高新实验一小承办了多个学科多个层面的赛课和观摩课活动，让学校教师能够面对面接触全国各个学科的名师。上述措施对于教师的专业成长有着重要的激励、示范、引导和助推作用。

可见，教师队伍的专业化发展有利于学校“软实力”的提升，有利于助推高新实验一小“美的教育”特色化建设。也正是因为教师队伍的专业化发展和学校“美的教育”特色化发展的相辅相成、互相助力，教师个人专业化发展、教研团队专业化发展、教师梯队专业化发展和青年教师专业化发展四个层面齐头并进，才造就了该校近三年的高速发展。

除了上述两所学校大体具备了卓越学校的多数特征之外，铁路中学、杨家坪中学在卓越学校建设方面也迈出了实质性步伐。

## 四、未来学校创新计划的启动

随看新科技革命和第三次工业革命的到来，互联网等新技术不仅促使人类工作方式、生活方式发生根本性的变化，而且推动未来社会对人才的需求和教育也发生相应改变。在此背景下，世界教育理念急剧转变，各国教育改革风起云涌，世界各国积极开展未来学校项目的研究和实践，大力促进学校创新和学习方式变革，培养适应21世纪、具有创新能力的一代新人。为此，中国教科院正式启动了“未来学校创新计划”。该计划以学校为实验载体，将创建“中国未来学校创新联盟”，在全国设三个层次的实验学校，即联盟学校1000所、项目学校100所、示范学校10所，实施“十百千计划”。

经中国教科院专家推介，2014年11月7日至9日，由区教委陈瑜主任带队，驻区专家组、教师进修学院研究人员及8所中小学校负责人参加了在天津举办的“首届未来学校国际研讨会暨中国未来学校创新计划启动会”。通过对该项目的初步认识与了解，参会人员一致认为未来学校项目是一项前沿、高端的教育项目，对于学校发展具有重要的推动作用。

结合九龙坡区教育实际情况，驻区专家组组长李继星提出，有了信息技术的支撑，还远远不是一所未来学校。对于尚未整体进入知识社会的中国来说，未来学校是能够为人类的未来社会特别是知识社会培养合格人才甚至相对比较优秀的人才的学校。因此，未来学校应当具有以下特点：第一，适应未来的学校文化体系；第二，适应未来的学校治理结构；第三，适应未来的学校课程体系；第四，适应未来的教学体系，特别是课堂教学体系；第五，适应未来的公民素质养成教育体系；第六，适应未来的强调自主发展、合作发展、国际化发展、数字化发展的学校教育评价体系；第七，适应未来教育特别是教学需要的学校设施、硬件系统；第八，适应未来的教育信息化支撑平台。

2014 年 11 月至 12 月，区教委广泛动员各中小学申报未来学校项目。截至 12 月底，共有 44 所中小学递交申报表。其中，申报示范学校的 5 个，申报项目学校的 22 个，申报联盟学校的 25 个。为进一步理清思路，2015 年 3 月 12 日，区教委召开未来学校建设项目专题培训会，中国教科院国际比较教育研究中心主任王素研究员做了题为“教育 3.0 时代的学校”的讲座，并前往各申报学校实地考察。经资料审核和实地考察后，区教委推荐高新实验一小等两所学校为未来学校示范校，推荐区实验一小、铁路中学等 10 所学校为未来学校项目学校。

## 第三节

# 现代教育

近年来，九龙坡区紧紧围绕“东城再造，西城再战”的发展战略，牢固确立教育优先发展的战略地位，为实现建设教育强区、基本实现教育现代化和办好人民满意的教育的目标，坚持政府统筹优先发展、加大投入保障发展、城乡一体均衡发展、提升内涵高位发展、以人为本和谐发展，不断提高教育现代化建设水平，保持教育持续发展的良好态势。

## 一、区域“现代教育”的提出

### （一）现代教育的发展依据

2012年，教育部下发《国家教育事业发展第十二个五年规划》（简称《规划》）。《规划》提出，到2020年要基本实现教育现代化，基本形成学习型社会，进入人力资源强国行列。同年，党的十八大报告明确提出“全面实施素质教育，深化教育领域综合改革”。在此背景下，重庆市委、市教委以及九龙坡区委、区政府提出全面深化改革的重大举措，把教育摆在城乡一体化发展“重中之重”的战略地位，要求改善教育民生，创新教育管理，以体制改革为核心，深化教育综合改革，全面推进素质教育，为全国教育改革发展提供示范和借鉴。

推进区域基础教育现代化，既是九龙坡区域经济、社会发展的迫切需求，也是区域教育自身改革与发展的必然趋势。九龙坡区是典型的城乡二元结构，这里产业发达、经济繁荣，有丰厚的历史文化底蕴，是重庆市科学发展开放型经济示范区，也是重庆市统筹城乡综合配套改革先行示范区，为九龙坡实验区推进现代教育改革打下了坚实的基础。

### （二）现代教育的发展宗旨

“坚持以人为本、全面实施素质教育”是九龙坡区现代教育的发展宗旨。具体而言，一是要坚持以学生为主体，以教师为主导，把促进学生健康成长作为学校一切工作的出发点和落脚点，尊重教育规律和学生身心发展规律，关心每个学生，促进每个学生主动地、生动活泼地发展，为每个学生提供合适的教育；二是准确把握素质教育的根本要求，坚持全面贯彻教育方针，坚持尊重科学、尊重生命，坚持面向学生、面向家庭、面向社会，切实抓好人才培养最本质、最重要、最关键的教育环节，致力于发展人性、培养人格、改善人生，切实办好适合并促进每一个学生健康成人、主动成才、迈向成功的现代教育。

### （三）现代教育的发展愿景

九龙坡区推进区域教育现代化致力于实现“六大愿景”。

第一，教育普及化。以加快建立满足广大群众需求的教育体系为重点，着力提升教育普及程度，充分体现教育的广泛性。

第二，教育均衡化。以加快统筹城乡教育改革、推进城乡教育一体化为重点，着力抓好教育资源合理配置，充分体现教育的公平性。

第三，教育优质化。以加快推进教育内涵发展为重点，着力促进广大青少年学生全面健康成长，充分体现教育的科学性。

第四，教育信息化。以加快推进教育信息基础设施建设、提高师生应用能力为重点，着力推进教学手段、技术和方法的变革，充分体现教育的时代性。

第五，教育国际化。以加快推进教育对外交流与合作平台建设为重点，着力加强多层次、宽领域的教育交流与合作，充分体现教育的开放性。

第六，教育终身化。以加快推进终身学习体系和服务平台建设为重点，着力办好成人教育和社区教育，充分体现教育的社会性。

## 二、区域“现代教育”的推进

### （一）坚持教育优先发展战略，稳步推进教育现代化

现代教育是教育现代化的核心内容和思维原点，是教育现代化全过程的价值引领，是教育现代化的目标和归宿。九龙坡区积极推进教育思想、教育内容、教育设备、办学条件、教育手段、教育方法、教育制度、教育管理等方面的教育现代化建设，着力建设“教育强区”，力争率先实现区域教育现代化。着手加快政府职能转型，建立现代公共服务型、法治型、绩效型政府，处理好教育均衡与优质的关系，追求优质的均衡；处理好教育公平与效率的关系，追求有质量的公平；处理好教育封闭性发展与开放性发展的关系，建设开放型和终身型教育；处理好教育规范化与多元化发展的关系，实现标准与个性共存。

### （二）着力现代学校制度建设，完善现代教育督导体系

以国家社会科学基金“十二五”规划课题“西部区域基础教育现代学校制度建设的实践研究”为抓手，全面推进现代学校制度建设。建立、完善学校章程，实现“一校一章程”，进一步构建以章程为基础的学校规章制度体系，完善学校内部治理结构，切实维护师生的合法权益，推进校务公开，依法规范办学，积极开展依法治校示范校创建工作。

做好国家和重庆市义务教育质量监测的常态组织工作；探索形成区域普教特色监测评价制度，逐步发展学前教育和中职教育的监测评价；与区域重大项目结合，开展项目成效的监测评价。建立以各学科名特教师为核心的研

发团队，开发具有科学性、时代性、前沿性和可操作性的监测评价工具；研制质量评价标准，完善学生能力评价制度、教师发展性评价制度和特色学校评价制度，实现学生、教师和学校三位一体全方位发展。

（三）推进教育信息化建设，实现学校教学设备标准化

第一，优化信息化基础环境，加强数字教育资源开发。根据重庆市“区县教育城域网标准”要求，完成九龙坡教育城域网中心机房改造，全面满足信息技术教育教学需要，全区学校信息化设施设备基本达到全市一流；建成涵盖区域学前教育、初等教育、中学教育、职业教育、教师教育、社区教育等优质网络教育教学资源 500GB 以上；自主建设九龙坡区微课程资源，接入清华同方资源库、教育期刊库、重庆市中小学数字图书馆，实现优质资源集约共享，破解优质资源不足难题。

初步搭建九龙坡区教育管理公共服务平台和教育资源公共服务平台。对接重庆市中小学数字校园管理平台，搭建涵盖学校师生管理、教学管理、资产管理、教育规划与决策等管理信息系统的九龙坡区教育管理公共服务平台。对接重庆市教育资源公共服务平台，搭建涵盖“虚拟实验室、数字化教与学工具、一对一学习、网络互动学习”等内容的九龙坡区教育资源公共服务平台。

基本建成九龙坡区中小学教育教学和管理应用系统。通过整合方式建成区域基础教育数据中心，涵盖区域内适龄人学儿童、人口年龄构成、教育用地、教师数量、专业构成、企业用工对人才的素质要求等基础信息，为科学的教育规划与决策提供数据。初步建设全区教育系统电子政务和电子校务管理系统、在校学生数字化学习系统、校园视频监控系统、教育质量监控与评估系统、社区居民终身教育网络服务系统；建成集教育咨询、教育管理、教育服务于一体的网上教育服务中心，搭建教育公共信息网上服务平台，打造为民服务的网上窗口，实现教育服务信息化。

第二，全面实施中小学教师信息技术应用能力提升工程培训，实现区域内教师全覆盖。50% 以上教师参加过国家信息技术应用能力测评，25% 以上教师取得国家合格技能证书，教师运用信息技术实施创新教学的能力和水平得到整体提升。

第三，高水平实施中小学校教学设备标准化建设。九龙坡区按照国家、重庆市颁布的中小学校教学设备标准，完善区内学校教学设备，巩固义务教育均衡发展成果，彰显学校办学特色，启动“未来学校创新计划”“比特实验室”“心理健康活动教室”“地理实验室”“录播教室”等项目建设，进一步

完善实践大课堂基地建设，努力搭建培养学生创新精神和实践能力的平台。

（四）深化中小学课程体系建设，全面提升教育质量

1. 加大区域中小学课程改革的实施力度，加强中小学课程体系建设，落实立德树人根本任务

学校课程体系紧紧围绕学生培养目标，将课程的各个要素（包括课程目标、课程结构、课程设置、课程实施和课程评价等方面）进行内容上的整合和结构上的组合，形成适应社会经济发展需要、反映科学技术发展的现状和趋势、适度考虑学制及学时限制的科学化、个性化、有特色的课程体系，满足学生充分发展和面向未来的创新人才培养的需要。

加强小学、初中、高中课程的相互衔接，明确各学段的教育功能和课程目标要求；形成科学合理的课程开发、实施、管理和评价运行机制，形成相关制度体系；提高学校相关人员课程领导力、研究力、开发力、执行力、评价力；营造民主、和谐、个性、高效、面向未来的教学环境与课程文化氛围，为学生的发展创造条件，为教师的成长搭建平台，为学校的特色发展奠定基础。

2. 开展区域中小学课程体系建设的理论和实践研究

承担或积极参与国家、市级课程改革重点实验项目和课程改革专项课题研究，深入开展区域中小学课程体系建设的实践研究、现代学校课程体系建设的制度研究以及中小学课程体系建设的创新策略与途径研究，最终形成区域中小学校课程体系建设的理论和实践研究成果。

（五）加强师资队伍建设，提高教师队伍整体水平

1. 带好学校管理队伍，提升学校管理水平

实施“中小学名师名家培育计划”，选送干部教师参加高层次的学习研修活动；组建3—5个“名校长工作室”；开展“教育家成长培养计划”，着力培育一批在全市乃至全国有影响力的名校长、名教师、学科带头人和教育家。

2. 健全多层次、全方位的教师培训体系

实施“中小学教师信息技术应用能力提升工程”“教师成长网络联盟建设计划”“青年教师成长计划”“中青年骨干教师成才计划”“中小学名师名家培育计划”“教育家成长培养计划”“名校长培养计划”；创新培训模式，综合运用集中培训、自主研修、导师引领、实践考核等方式，通过专题讲座、案例评析、操作训练、专题研讨及互动交流等形式开展培训，大力推进校本研修；加强对特级教师、教学名师、学科带头人、骨干教师的管理，充分发挥骨干教师的示范、引领、辐射作用，造就一批教学名师和学科领军人才。

3. 进一步加强区教师进修学院建设

集聚优秀人才，优化师资结构，整合高等学校、中小学校的优质培训资源，构建“教、研、训”一体的有效的教师专业化培养模式。积极与北京师范大学、华东师范大学、西南大学、英国教育与教学质量控制协会等国内外高等院校和机构开展项目合作，建立互利共享的合作机制。

4. 完善名师名家帮带机制

建立“青年教师成长导师制”，采取“一带一”“一带多”的方式，指导和帮助青年教师成长。深入推进名师工作室建设，鼓励和支持创建“彩姑工作室”“舒姐工作室”等一批特色工作室。建立客座名师制度，鼓励名教师跨校担任“客座教师”，共享优质师资和课程资源。

### （六）推动师生全科阅读，坚持教育内涵发展

一是确立全科阅读理念，做到求真、向善、尚美、创新，完善阅读条件，完善学校图书馆（室）建设，配备数量充足、适合师生阅读的图书、刊物。给区内学校配备电子图书阅览室，建立教师阅读在线网络系统，按“重庆市最美校园书屋”标准，每年评选5所“九龙最美书屋”。

二是打造全科阅读特色，丰富全科阅读活动。开发全科阅读课程，编辑全科阅读读本，拓展阅读内容，改变阅读方式，构建全科阅读体系。建立阅读共同体，定期举办“九龙阅读节”，开展亲子共读、师生共读活动。每年评选“书香校长”和“书香教师”，推动教师持续阅读，推进书香校园建设。

三是构建长效机制，提升教师素养。营造良好阅读氛围，通过阅读活动，扩大教师的生活视野，提高其职业素养，提升其精神境界，形成一支师德修养好、人文素养高、专业能力强的干部教师队伍，进而推动学校、家庭、社会共同发展，加快九龙坡教育强区建设进程。

### （七）关注学生身心健康，促进学生全面健康发展

学生身心健康是学校教育工作的出发点和落脚点，也是惠及全区百万家庭的民生工程的重要基础，是区委、区政府的重要工作内容。

1. 建立“联席会议制度”

建立由区委、区政府领导，区政府办公室牵头，区财政、区教委、区人社局、区新闻信息中心、区体育局、区卫计委等相关部门参与的学生体质健康促进工作联席会议制度。学生体质健康促进工作办公室设在区教委，每年定期召开会议，及时研究、解决学生体质健康促进工作中的重要事项。

2. 建立“联动推进制度”

建立以政府主导、部门合作、社会支持的联动机制，构建学校、社区、家庭“三位一体”的服务体系，突出以体育锻炼、健康教育和氛围营造为重点的工作机制，力争到2020年全区学生体质健康水平进入全国先进行列。

3. 收集学生体质相关数据，建立数据中心

严格依据《国家学生体质健康标准》，制定学生体质健康监测量表，并定期进行监测，收集学生体质健康的有关数据；运用学生体质健康GIS（Geographic Information System）管理系统建立学生体质健康信息数据中心，实现学生体质健康监测、分析、评价、公告、干预的信息化、网络化和标准化，强化学生体质健康状况的动态化管理。

4. 建立学生身心监测体系，实施学生健康评价制度

实施“心理健康教育”项目实验，建立学生心理健康和社会适应能力测评体系，加强学生心理干预工作。制定和落实《九龙坡区学校体育五年行动计划》，研究制定学生体质健康促进工作的评估内容、标准和方法，建立具有九龙坡特色的监督评估体系；定期对学校、社区、家庭等进行监督评估，确保学生体质健康，促进工作制度化、标准化和规范化。加强社会评价，引进社会监督评估，由第三方监测机构实施监测。深化体育与健康课程的教育教学改革，严格执行《国家学生体质健康标准》，实施毕业生升学体育考试制度；深入推进健康促进学校创建工作。制定学生健康素养评价内容、评价标准、评价方法，建立激励、反馈等工作机制。

### （八）实施家校共育计划，营造良好教育生态

一是以提升家长素质为核心，将社会主义核心价值体系融入家庭教育，完善家庭教育指导服务体系。积极推进家校共育、社区共建、校企共建，形成开放办学的良好育人环境。

二是认真落实“建立健全家长委员会”“创建家长同学会”“建立和办好家长学校”“开展千名教师访万家活动”“开展万名家长进课堂活动”“举办家长教育系列活动”“培养家庭教育专业队伍”“开展家校合作共育课题研究”“组建家长教育专家指导组”“加强考核与评价工作”等10项措施，广泛开展家教宣传活动，普及家教知识，推广家教经验。

三是区家校共育研究中心组织实施全区家校共育研究工作，具体落实爱心教育整合课程的实施。区“家长教育行动计划”项目组负责管理和建设好家长教育讲师团，培育以班主任为主体的家教骨干队伍，面对全区所有家长开设爱心教育整合课程，确保家长每年至少参加两次以上家长教育指导培训

和两次以上家长教育实践活动。建立督查评估、激励表彰制度，及时总结推广典型经验，对家教工作先进典型进行表彰推广。

总之，通过实施以“均衡、优质、内涵、特色”为重心的教育现代化示范区建设工程，建设一个适时发展、动态演进的现代教育目标体系，一个落实教育优先发展战略的政府推进体制，一个强化督政督学的教育绩效评估问责制度，一个政府主导、社会参与的多渠道的教育投入体系，一个多类型、多层次、规模与结构合理的教育体系，一个政府主导统筹与市场竞争运作机制相结合的办学体制，九龙坡教育走出了一条自上而下与自下而上相结合、政府推动力与群众创造力相结合以及教育物质建设、制度建设与观念文化建设相结合的稳步发展的教育现代化道路。

# 第二章

# 实验区“六大项目”实验的扎实推动

按照“院区共建、整体推进、科研引领、创新发展”的指导方针和“高起点、低切入”的推进策略，九龙坡区于2013年1月启动“六大项目”实验。经自愿申请、专家评审，全区首批确定了58所学校72个实验项目。

# 第一节
# “六大项目”实验的目标、任务、要求与措施

“六大项目”是指心理健康教育、爱心教育、科技教育、教育信息化建设、学校安全管理和书香校园建设六个实验项目。“六大项目”实验是九龙坡教育综合改革实验区建设的有效途径，是九龙坡教育发展的引擎，带动区域教育改革逐渐走向深入。

## 一、“六大项目”实验的总体目标

实施“六大项目”，就是要在科学规划的基础上，结合区内学校发展实际，发挥学校办学优势，构建协同创新联盟，进一步提升学校特色品质，打造一批理念先进、特色鲜明、质量领先的卓越学校。各项目的具体目标如下。

心理健康教育项目：心理健康教育体系完备、科学规范，师生心理健康水平和教师心理健康教育能力全面提高，学校、家庭和社区心理健康教育协作网络和重视心理健康教育的浓郁氛围有效形成。

爱心教育项目：完善学校爱心教育体系，营造爱心教育氛围，为学生、家庭和社会传递充满爱心的正能量。

科技教育项目：科技教育配套设施齐全，科技教育课程体系完善，科普活动丰富多样，学生的创新精神和实践能力得到有效提升。

教育信息化建设项目：教育信息化体系完备，数字化学习环境基本实现，优质教育资源库建设取得突破，形成信息化环境下的品质课堂实施模式。

学校安全管理项目：完善学校安全管理体系，提升安全教育效果，加强安全硬件建设，减少安全事故数量，建立起科学、系统、规范的学校安全工作机制。

书香校园建设项目：校园阅读文化浓厚，阅读资源丰富，阅读活动和阅读课程形式多样，阅读成为师生校园生活中必不可少、自然平常的生活方式。

## 二、“六大项目”实验的主要任务

心理健康教育项目：建立和完善学校心理辅导室，建立和健全心理健康教育师资队伍，开展心理健康教育教师培训；开展心理健康专题教育，开设形式多样的心理健康教育课程，将心理健康教育贯穿教育教学全过程；建立心理健康教育网络和协作机制。

爱心教育项目：创建爱心教育校园文化，让学校形成浓郁的爱心教育氛围；发动教师开展爱心教育，开展形式多样的爱心教育活动；依托家校合作推进爱心教育，实现家校共育。

科技教育项目：全面深化科技教育课程改革，广泛开展科技创新教育活动，大力加强科技教育基础建设。

教育信息化建设项目：全面深化信息化教学改革，实现“班班通”“组组通”“人人通”，大力推进数字化校园建设，不断提升师生的信息素养。

学校安全管理项目：完善学校安全管理组织，形成“横边纵底”的学校安全管理体系；建立学校安全工作体系，提高学校物防技防能力，加强学校师生安全教育。

书香校园建设项目：加强书香校园基础建设，建设“图书馆（室）—开放性阅读广场—读书角”三级阅览区域；开展形式多样的阅读活动，聚焦重点项目开展深度研究。

## 三、“六大项目”实验的工作要求

### （一）提高思想认识

“六大项目”实验是九龙坡区加快推进教育综合改革实验区建设的重要途径，是提升全区教育发展水平的重要抓手。区教委各科室、各直属单位、项目学校要正确认识开展项目实验工作的重要性，扎实有效地推进项目实验的实施。

各项目学校要正确处理好项目研究与学校工作的关系，要把项目实验与学校的日常工作结合起来，使项目实验常态化。要把项目实验变成助推学校发展的重要抓手，以项目实验为契机，把着力点落到学校特色建设上来，使项目实验与特色建设相得益彰。要通过开展项目实验，进一步提升学校科研水平，推动学校教育教学改革，提升学校教育科研整体水平。

（二）完善组织保障

区教委成立项目建设领导小组，下设项目管理办公室，具体负责项目实验的组织实施工作。聘请专家学者组建专家指导组，加强对项目实验工作的指导与引领。组建“六大项目”研究联盟，壮大研究队伍，充实研究力量。项目联盟成员定期轮流举办研讨展示活动，共同探讨项目发展策略，促进各校共同发展。

各项目学校要建立以校长为组长的项目工作组，挑选德才兼备、业务精良的教师参与研究实施。要建立健全推动项目开展的工作机制和保障机制，把此项工作列入学校的重要议事日程，将其作为学校教育教学的一项重要任务来抓。要细化目标任务，严格落实责任，积极为项目实施创造良好的条件，激发教师参与研究的积极性、主动性，保障项目顺利、有效的开展。

（三）注重过程管理

项目管理办公室做好项目规划、操作路径、任务分解、建设标准和评估办法等方面的顶层设计；同时进行项目实验的过程管理和检查指导，充分调动项目学校的积极性，认真研究和解决项目实施过程中存在的问题，切实做好项目的中期评估、评审验收等工作。

各项目学校要加强项目实施的过程管理，认真对照实施方案，有计划、有步骤地开展好项目实验工作，要建立相应的管理制度和记录表册，形成过程管理资料。校长要自始至终参与项目实施过程，参与制定实施方案，组织学习培训，落实工作任务，加强过程指导。

（四）加强评价考核

项目管理办公室将组织专家团队，根据项目评估办法，对各项目学校的项目实施情况进行过程检查、中期评估和评审验收。

在项目实施中，区教委各科室和直属单位将对学校项目实施的指导和检查纳入主要工作日程，同时将项目有关培训纳入教师培训和学分认证体系。

在中期评估时，对各项目学校的项目实施情况进行评估，并根据评估结果对项目学校进行表彰奖励。对于项目实验组织不力、措施不到位、实验效果差的学校，将取消其项目实验资格，要求其退出实验学校行列。

在评审验收后，区教委将依据评审结果，评选出“项目实验合格学校”和“项目示范学校”，并对“项目示范学校”进行授牌和表彰奖励。同时，参照区课题管理办法，对“项目实验合格学校”和“项目示范学校”的主要研究人员进行科研成果认定。

各项目学校要制定本校的项目实施考核方案，探索建立科学合理的评价激励机制，引导广大教师积极、主动地参与项目实验。

## 四、“六大项目”实验的通用措施

### （一）构建协同创新联盟

为充分发挥团队的推动作用，积极有效地促进项目实验的开展，“六大项目”实行项目联盟制度。项目联盟是由开展相同实验项目的学校组成的科研活动组织，项目联盟以学校为基础，以开展项目研究为载体，以提升整体实验效果为目的，通过协作研究、问题探讨、资源共享等方式加强交流，促进项目实验的顺利实施。

项目联盟活动采取“双主导”原则，即以“区级项目工作组主办—项目学校参与”和“某项目学校主办—其他联盟成员学校参与”的形式开展联盟活动。项目工作组及项目学校要自觉遵守项目联盟制度，项目学校接受项目工作组的管理和考核，积极为项目联盟的工作出谋划策，促进项目联盟工作的顺利开展。

### （二）加强组织保障

1. 成立“六大项目”领导小组和专家指导组

为了保证项目实验的智力支持与科学引领，区教委成立了实验区“六大项目”建设领导小组和专家指导组，聘请中国教科院等机构的知名专家担任专家指导组成员，以加强对项目建设的指导、培训和引领。中国教科院四位驻区专家分别担任不同项目的常驻指导专家，负责本项目的指导、培训与引领工作。每个项目成立了区级项目工作组，负责本项目的日常组织管理工作。

2. 成立“六大项目”工作小组

“六大项目”由区教师进修学院牵头组织实施，区教师进修学院院长为总负责人。各项目工作组由区教师进修学院院级干部担任组长，主持项目联盟工作，相关人员担任副组长，每个项目设一名助理研究员。（见表2－1）

表2-1 “六大项目”工作组名单

| 项目 | 常驻指导专家 | 组长 | 副组长 | 助理研究员 | 联盟成员 |
|---|---|---|---|---|---|
| 心理健康教育 | 王新波（前期）<br>刘永福（后期） | 江涛 | 邹扬 | 叶飞 | 12+2所 |
| 爱心教育 | 马雷军（前期）<br>王明建（后期） | 唐杰 | 糜嘉 | 洪霞 | 12所 |
| 科技教育 | 曹培杰 | 蒋元斌 | 潘波 | 付松华 | 10所 |
| 教育信息化建设 | 曹培杰 | 蒋元斌 | 王开明 | 向林 | 7+1所 |
| 学校安全管理 | 马雷军（前期）<br>刘永福（后期） | 唐杰 | 刘奇（前期）<br>李宗明（后期） | 唐智（前期）<br>谢磊（后期） | 9所 |
| 书香校园建设 | 王新波（前期）<br>王明建（后期） | 潘晓峰 | 祝传武 | 潘璐 | 22所 |

常驻指导专家的主要工作任务：整体把握项目实验情况，为项目实验的有效开展提供智力支持，把握项目实验方向；审订各项目学校实施方案；对项目实施的过程进行指导；引入或主持高层次项目培训；参与项目评估，验收项目成果。

项目组长的主要工作任务：对项目学校提出项目联盟工作要求，并直接参与项目实验研究；安排项目联盟的主要活动；负责项目联盟的协调工作；督促联盟成员学校开展实验工作；把握各项目学校的工作进展和实施效果，组织对项目学校的考核评估工作。

项目副组长的主要工作任务：认真参与项目实验研究；牵头组织项目联盟活动，落实对各项目联盟学校的具体要求；及时掌握项目工作动态，加强过程指导，拟定项目联盟工作计划，督促项目学校按计划落实工作；执笔撰写项目评估方案，组织对评估方案进行修订完善；把握各项目学校的工作进程和实施效果，参与对项目学校的考核评估工作。

项目助理研究员的主要工作任务：认真参与项目实验研究；做好联盟工作记录，撰写会议纪要，为《项目联盟研讯》供稿，收集整理工作资料，审查项目轮值学校的新闻稿件；协调工作组、项目学校的工作安排；把握项目实施的进程，负责项目联盟的联络工作；处理项目联盟日常工作事务。

项目联盟学校的主要工作任务：成立相对固定的研究团队，给主要研究人员提出明确的工作要求；为项目实验提供必要的研究经费、工作时间等；认真组织开展本校的项目实验，注重实验的实效性；加强过程管理，注重收集过程资料，提炼项目成果；认真参与项目联盟活动，积极为项目联盟建设出谋划策。

（三）定期开展专题研讨会

为了把项目实验工作落到实处，激励项目学校的主动性与创新性，发挥驻区专家科研专长，保证项目实验的科学有序，区教委项目管理办公室定期开展专题研讨会。

1. 召开首批项目学校工作推进会

2013 年 3 月 21 日，在渝高中学召开了实验区首批项目学校工作推进会，区教委对项目实验进行了专题说明，对各项目学校进行了相关培训并布置实施工作。驻区专家组组长王新波博士对各项目学校进行了专题培训。

2. 召开区教育系统重点项目推进会

2014 年 10 月 29 日，在天宝实验学校召开区教育系统重点项目推进会。会上，项目学校代表介绍了推进项目实验的举措，分享了项目实践经验，为其他学校提供了借鉴。区教委项目管理办公室就“六大项目”实验做出工作总结与布置。驻区专家对项目实验进行指导。区教委陈瑜主任对项目实验做出强调，他希望各项目学校能正视差距、克服困难、因地制宜、突出重点，努力创造更好的成绩。

3. 召开“六大项目”工作培训与结项部署会

2015 年 1 月 23 日，区教委项目管理办公室在杨家坪中学召开“六大项目”工作培训与结项部署会。驻区专家王明建博士对各项目学校进行了专题培训；区教师进修学院唐杰副院长就项目实验与结项工作进行了布置；区教委郭华副主任要求项目学校要全面总结项目工作，精心提炼项目成果，进一步推动项目实验向更高水平发展。

（四）开展丰富多样的实地指导活动

1. 驻区专家组举办多场专题讲座与报告会

为了引领学校深入理解人人教育理念，全面实施“三战略”“三支点”“三特质”，深入推进“六大项目”实验，驻区专家组举办多场专题报告会。王新波博士做了题为“心理学视野下的中小学德育改革”“描绘‘三原色’师生共成长”等专题报告；李继星副研究员做了题为“先进办学核心理念引领下的现代学校制度建设”“中小学课程体系建设的几个关键问题”“现代学校制度课题与‘六大项目’的成果呈现问题”“中小学课堂教学改革的基本趋势与主要内容”“顶层整体构建教育文化体系，重点打造面向未来的学校特色”等主题报告；曹培杰博士做了“信息技术与教育变革”“未来教育与理想课堂”“微课程的理论与实践”“翻转课堂的理论与实践”“中小学教师如何做研究”等专题讲座；马雷军博士做了“学校德育工作中的法律问题分析”“文献查询与学术论文写作”等专题讲座；王明建博士做了“课程整合的前世今生”“教育故事与研究报告的撰写策略”“如何用课程经营学校”等专题讲座。

2. 驻区专家组和项目工作组实地指导项目实验

驻区专家组和项目工作组深入各项目学校，实地调研、科学分析、及时指导、协作落实。为了保证项目实验的时效性和科学性，专家组帮助学校完善实施方案，理清发展思路，明晰学校文化，探索学校特色，形成办学亮点。为了保证项目的扎实推进，专家组多次到项目学校进行一对一指导，有的学校接受了专家组和项目工作组前后30多次的指导。为了促进学校整体发展，专家组在指导项目实验的同时，还对学校课程体系建设、学校文化凝练、学校未来发展等各个方面进行了指导。

3. 驻区专家组对项目学校进行专题指导

各项目学校充分利用驻区专家资源，聘请他们担任学校发展顾问，指导学校特色发展。李继星副研究员帮助学校锤炼学校文化，指导学校完成《学校文化战略纲要》；曹培杰博士指导学校开展未来学校建设项目，探索“互联网+”时代教学模式，进行创客教育实践；刘永福博士指导学校完善评价制度，完善评价体系；王明建博士指导学校构建学校特色课程体系，用课程经营学校。

### （五）适时开展现场推介活动

活动是项目实施的助推器，项目联盟积极搭建展示平台，开展众多富有特色的项目活动，推动项目实验。下面是项目联盟针对“六大项目”开展的一系列特色活动。

心理健康教育：共和小学心理健康教育中心“七室一厅”和心理健康多元智能课堂给其他项目学校负责人留下深刻印象；天宝实验学校的心理健康教育团体辅导活动课给其他项目学校提供了宝贵的经验；西彭二中的“金穗扬梦·课程育心”为其特色发展指明了方向。

爱心教育：项目联盟开展了项目学校爱心征文比赛和爱心调研活动，从“爱的类型”“爱的表现”“爱的内涵”和“爱的特征”四个维度，质性分析师生爱心观，研制了《“最有爱心的教师”评选参考标准》，成果刊登在《重庆时报》《今日教育》等媒体上；重庆市第四十七中学打造“师爱比知识更重要”学校主题文化，将爱心教育与学校多元发展战略相结合，促进了学校快速发展；电厂中学“最是书香能致远　为育和美爱无边”的项目展示活动把爱渗透到文化与课程之中，凸显了爱心育人功能。

科技教育：项目联盟开展了科技教育“五个一”活动；项目学校将学生推荐的最喜爱读的科普文章和图书做成了《我最喜爱读的科普文章》和《我最喜爱读的科普书籍》汇编材料；通过科技活动节、科技实践、科技知识竞赛等活动促进项目实施；石新路小学建造的全国第一座学生数字天文馆为其他项目学校做了示范。

教育信息化建设：项目联盟在全区举办了两届微课程大赛，许多作品创意独特、制作精美；举办了“翻转课堂”教学研讨会。这些活动不仅转变了各项目学校在信息化环境下的教学方式，还形成了本土化的教学资源平台。

书香校园建设：举行“世界读书日”表彰大会，表彰一年一度的区“书香校长”和“书香教师”；举办“九龙大讲坛”，先后邀请魏书生、闫学、凌宗伟等一批知名专家来区做学术报告，组织学校校长、优秀教师代表定期办讲座。各项目学校开展了形式多样的主题展示活动——高新实验一小承办了“全国第五届中小学语文主题阅读研究”现场会，森林小学承办了“最能打动孩子心灵的世界经典”校园阅读分享活动，田坝中学举办了“阅读天下”主题阅读展示活动。

### （六）加强考核评价和过程管理

项目管理办公室注重项目实验的过程管理、制度完善，通过科学评价促进项目实施。

#### 1. 研制各项目评估办法

为了科学评估各项目实验，项目工作组与驻区专家组联合制定了项目评估办法。在各项目评估办法研制过程中，项目工作组与驻区专家组广泛征求项目学校意见，调动项目学校参与的积极性。各项目评估细则能够有效地指导学校开展项目实验，科学评价实验效果。

#### 2. 开展项目实验中期评估

在项目实施一周年之际，项目管理办公室组织专家及相关人员对各项目学校的实验情况进行中期评估，并形成调研报告。根据评估结果，对项目实验推进有力、实验效果明显、亮点突出的学校进行表彰，对项目实验组织不力、措施不到位、实验效果不明显的学校进行有针对性的指导。

#### 3. 开展项目实验专项调研

在项目实验中期，项目管理办公室派出 12 个调研组，对“六大项目”实验状况进行了专项调研。调研形式主要是问卷调查、资料查询及实地验证。

调研结束后，调研组写出调研报告。专项调研，摸清了项目实验推进情况，推动了项目实验进程。

4. 开展项目实验评审验收

在项目实验临近结项之际，项目管理办公室组织召开“六大项目”工作培训与结项部署会。项目工作组与驻区专家组研制出《中国教科院九龙坡实验区“六大项目”结项评估参考量表》，结项评估量表经过专家组与项目工作组的多次论证修改并征求全区项目学校的意见后定稿。项目工作组依据量表对各项目学校进行科学评价。评选出“项目示范学校”和“项目实验合格学校”并颁发牌匾，通报项目实验不合格的学校。

5. 评选项目故事

为了真实记录项目实验进程，呈现项目实验画面，反映项目实验成果，项目管理办公室组织开展项目故事评选活动，要求各项目学校从项目实验的一个视角、一个维度、一个角色入手，撰写项目故事。项目工作组与驻区专家组对项目故事进行初评，筛选出了 228 个项目故事。项目管理办公室组织专家对 228 个项目故事进行复评，评选出一、二、三等奖共 137 个项目故事并颁发证书。特别优秀的68 个项目故事收录于《变革的力量（项目实验篇）》一书，该书由重庆出版社出版。

## 第二节
## “六大项目”实验的丰硕成果

“六大项目”实验有效地提高了项目学校的科研兴校、科研强校意识，促进了学生学习状态、教师工作状态、课堂呈现状态、学校发展状态和家庭教育状态的改善。

## 一、心理健康教育项目

在区教委和驻区专家组的统筹指导下，心理健康教育项目工作组认真贯彻执行区教委《关于印发实验区“六大项目”实施方案的通知》（九教办〔2013〕20号）文件的要求，促使各项目学校根据自身的特点，扎实、高效、创新性开展项目实验工作。14所项目学校积极参与项目实验，广泛开展了“两室一厅”（办公接待室、个体心理辅导室、团体活动厅）建设、心理健康教育教师队伍建设和“因能施教”品质课堂建设，通过多种形式的心理建康教育活动，有效探索了立德树人的新途径，取得了一系列丰硕成果。

### （一）开展心理咨询室建设：心理健康教育中心成为师生“心灵港湾”

“行政主导、专业引领”是九龙坡实验区两年来开展心理健康教育的有效经验。2013年10月，经区教委领导批示、实验区专家研究论证，项目工作组对各项目学校心理咨询室的硬件标准、人员配备和日常管理提出了明确要求。驻区专家组对所有项目学校进行了方案设计的集体指导，并印发了《关于心理健康教育中心建设的7条建议》，供学校在设计建设方案时参考。目前，14所项目学校已经全部建成符合标准的校级心理健康教育中心。

心理咨询室建设对校长、教师心理健康教育理念的转变起到了重要的推动作用。多所项目学校的心理咨询室已成为学校最亮丽的一道风景线，成为学生倾吐心声、寻求帮助、放松心灵的温馨港湾。

### （二）加强师资队伍建设：一批教师成为心理健康教育专家

心理健康教育教师缺乏和专业化水平不高曾是九龙坡实验区推进心理健康教育过程中遭遇的难题。为切实提高教师队伍的整体水平，提升教师甄别、疏导学生心理问题的能力，项目工作组着力加强心理健康教师队伍建设，培养了一批心理健康教育校本专家。

#### 1. 开展专题培训

为提升心理健康教育项目实验效果，驻区专家组加强对项目工作组和项目学校的专题培训。王新波博士先后做了题为“多元智能理论及因能施教个性化课堂教学”“幸福理念关照下的有效教学与教师心理健康”“幸福理念关照下的幼儿教育与教师心理”等专题辅导报告；刘永福博士做了“中职生健康心理的培养与呵护”“小学生心理辅导的常见问题与应对策略”“规约与释放：教师健康心理与压力调试”等专题讲座，从理念到实践对学生的心理问题做了全方位的解读。项目工作组针对班级心理辅导活动，组织了题为“中小学班级心理辅导活动课设计与实施要领”的专题培训，取得了良好效果。

2. 重视专业培训

2013 年 10 月以来，由区教委投入专项经费，九龙坡区教师进修学院和西南大学心理学部联合组织了 10 期心理健康教育教师专项培训。来自全区 75 所中小学、幼儿园的 580 名学员参加了每期 5 天的集中脱产培训（实现全区所有中小学、幼儿园全覆盖），参训学员均获得由西南大学心理学部颁发的结业证书。这一做法确保了每所学校配备 1—2 名专兼职心理健康教育教师。同时，各项目学校也充分发挥自身动力，积极参加国内外心理健康教育专业培训和心理健康教育工作坊，参加国家心理咨询师培训与考试，取得国家认证资格。这一系列举措使得全区心理健康教育教师队伍更加趋近专业化，也朝着“让每一位教师都成为学校心理健康教育工作者”的目标迈出了坚实的一步。

3. 组织对外交流

为学习先进经验，树立项目典型，以点带面地推动项目实验工作，项目工作组与专家组针对学校发展需求，量身定做考察学习计划。2013 年 12 月参加了北京心理卫生协会学校心理卫生委员会、北京市教育学会教育心理学研究会举办的“成均杯”优课大赛总决赛暨 2013 年第六届学术年会暨游戏心理辅导研讨会；共和小学心理健康教育教师赴成都市青羊区新华路小学考察学习了多元智能课堂建设及心理健康教育实施状况；项目工作组部分学校到宁波鄞州实验区布政小学和华泰小学参观交流。为了借鉴重庆主城区在心理健康教育方面的先进做法，区心理健康教育项目工作组先后前往江北区教师进修学院、沙坪坝区教师进修学院和渝中区教师进修学院进行学习和调研，加强了区际交流，实现了优质资源的互补与共享。

### （三）心理健康教育课程改革实验：为孩子心灵成长搭建舞台

课程是心理健康教育的核心载体。中国教科院驻区专家组与项目工作组一道开展了心理活动课程建设系列研究活动，加强心理活动课程主阵地建设，探索了“心理校本课程”“班级心理辅导活动课程”等形式，在全区举行了首届“中小学班级心理辅导活动”竞赛，共收到活动方案 126 个（51 所学校）、录像课及课例 63 节。通过大赛，我们锻炼了教师，发现了新秀，开发建设了一批优质的心理辅导活动课程资源。2013 年 11 月，共和小学王怡老师代表重庆市执教的《积极自我暗示的力量》（小学六年级）受到评审专家高度认可，在小学组15节课中脱颖而出，荣获首届全国中小学心理健康教育课程观摩活动一等奖。持续的课程改革实验，将心理健康教育与课程体系建设、品质课堂建设有机结合起来，为孩子的健康成长搭建了舞台。

（四）项目学校心理健康教育工作成效亮点纷呈，成果显著

在项目工作组的有力推动下，全区心理健康教育项目学校因校制宜，发挥自身优势，创造性地开展项目实验，呈现出诸多亮点。

共和小学构建了全方位、全过程、全员参与的积极心理健康教育模式，建设了向日葵心理健康教育中心和具有积极心理健康教育特色的校园文化环境，将校本课程“游戏与心理健康”纳入课表，将心理健康教育中心的游戏、训练、体验活动融入其中，定时、定人、定点开展工作，让学生在一次次的游戏中获得心灵的健康成长。截至2014年，共和小学5人取得国家三级心理咨询师证，1人在全国的心理健康教育比赛（赛课）中获得一等奖，论文两人次获全国三等奖。

西彭二中以“开心农场”为载体的心理健康教育项目建设在全市获得广泛赞誉，学校整合大课间，开展“金穗扬梦”综合实践课程，把心理健康教育与开心农场建设结合起来，每学期开展1—2次水果蔬菜造型展及蔬菜销售会，以农场为题材，开展心理剧和团体心理辅导，取得了明显效果。

森林小学借助课题研究，厘清了小学生健康心理品质的内容，总结出了6大类24项积极人格，结合学生的年龄特点，将小学生健康心理品质梳理归纳为5大类13项，构建了培养小学生健康心理品质的实践模式。

田家炳中学以“田家炳精神”为根，幸福教育理念为茎，“幸福课”、心理活动周、个案咨询和团体辅导、《幸福心语》校刊校报、幸福心理社团为枝，师生的手掌为叶，培育了田家炳中学心理健康教育的希望之树。

九龙坡职业教育中心（简称职教中心）投资近45万元建成了心理辅导中心，成功申报了全国职业学院积极心理学子课题“中等职业学校心理健康教育途径、方法与策略研究”，并成功申请了全国职业学院“积极心理学实验学校”。

区实验一小顺利完成教育部教师发展基金会“十二五”课题“礼仪教育促进小学生心理健康的实践研究”，围绕“六商心育”体系（包括适应商、学习商、交往商、自我商、管理商、情商）开展心理健康教育校本课程和课题研究，使学生能够适应学校生活、善于人际交往、正确认识自我、主动调适情绪。

谢家湾小学致力于培养阳光自信、开放豁达的师生群体特质。学校建立了一支专业性强、对心理健康教育充满热情的工作小组，组建和完善了朵朵

咨询室、朵朵测评室、朵朵团辅室，添置了沙盘、心理测评软件等心理健康教育工具。学校成立朵朵心理健康教育指导中心，开展“男孩女孩”课程教学，围绕心理健康教育开展了一系列丰富多彩的活动。

工艺美术学校探索出“学校—家庭—社会”三位一体的中职学生心理健康教育模式，借助校内外心理健康教育资源，将心理健康教育与德育工作、教学工作以及学校的长远发展结合起来，在学校、家长、社会中营造心理健康教育的浓郁氛围，关注中职学生的身心健康，促进其全面和谐发展。

此外，天宝实验学校探索了以“自信教育”为特色的心理健康教育模式；九龙坡区西彭镇第一小学（简称西彭一小）开展了以校园积极心理游戏为载体的心理健康教育研究与实践；九龙坡区第二实验小学（简称区实验二小）以课堂为主渠道进行心理健康教育实践研究；白市驿一中结合学校的“情智课堂”，将心理健康教育贯穿整个教学过程；金凤中学建成了500平方米的心理健康教育拓展场地、5亩躬种园和2亩“花果山”；蟠龙小学通过培育骨干教师队伍、开设心理健康教育课程、开展心理健康教育教研等途径推进心理健康教育项目实验，取得了理想效果。

## 二、爱心教育项目

根据《中国教育科学研究院九龙坡教育综合改革实验区“六大项目”实施意见》，在区教委和驻区专家的统筹指导下，在院区合作办公室的统一部署下，爱心教育项目工作组认真贯彻执行了区教委《关于印发实验区“六大项目”实施方案的通知》的文件要求。爱心教育项目联盟学校根据自身的特色和实际情况，扎实有效地推进了项目工作。项目学校创设了爱心教育环境，加强了教师的师德修养，构建了爱心教育的学校课程体系，整合了爱心教育资源，通过多种形式的爱心教育，使师生共同树立了正确的人生观和价值观。

### （一）揭示了全区广大师生的爱心观

项目工作组在项目联盟学校中开展了爱心征文评比活动，广大师生围绕“用爱心呵护童心”和“爱心伴我成长”两大主题，记录自己及身边的爱心事迹。经由评审专家的初评（教师征文96篇，学生征文211篇，共计307篇）、复评和终评，项目工作组评选出征文的一、二、三等奖，并在项目联盟会上进行隆重表彰。驻区专家组和项目工作组采用质性研究方法，从“爱的类型”“爱的表现”“爱的内涵”和“爱的特征”四个维度，经由三个级别的编码作业，分别对由小学生、中学生、教师提交的关于“爱”的文本做了内容分析，精选的部分获奖征文和形成的研究报告《爱心是什么?》在《重庆时报》《今日教育》等媒体公开发表。该报告对当前中小学师生爱心观的深度和广度进行了深刻的揭示，这些来源于师生的重要的研究和发现，在提高爱心教育的针对性和实效性的同时，也指引着项目建设的着力方向。

（二）研制出《“最有爱心的教师”评选参考标准》

项目工作组研制出《“最有爱心的教师”评选参考标准》，各项目学校积极开展“最有爱心的教师”的海选活动，通过层层选拔，最终推选出本校3—5名具有代表性、典型性的“爱心教师”进行表彰，并把这些“爱心教师”树立为本校和全区教师学习的榜样。

（三）营造了爱心教育氛围

项目学校都不同程度地将爱心教育融入到校园文化的设计和教育教学的各个环节当中，营造了爱心教育氛围。如学校利用各种空间制作了爱心教育的图画、名言、诗句等，设立了“爱心书吧”；根据自身的特色和实际情况，开展了“让生命充满爱”主题演讲、“感受你的爱”主题队会和“我的中国梦”主题教育活动；利用节假日、纪念日对学生进行了相应的爱心教育；成立了青年教师爱心服务队和家长志愿者服务队，开展了“关爱贫困学生暖冬爱心行动”和“日行一善”活动；开展家校合作，巩固爱心教育效果。学校通过家委会的形式向家长渗透爱心教育理念，使家长重视学生的思想道德培养，引导家长以正面示范影响学生，与家长配合对学生开展感恩教育。

（四）探索出异彩纷呈的爱心教育实施方式

爱心教育项目实施过程中，各项目学校充分发掘和利用自身优势，探索出了具有学校特色的爱心教育实施方式。比如，有的项目学校用心打造“亲情节”爱心品牌活动，创编《新二十四孝歌》，每学年举办一届亲子节和自立节，对评选出的十大孝子、十大美丽家庭、十大自立达人和十佳优秀家长进行表彰；有的项目学校将爱心教育与社会资源有机整合，校地共建，爱心助学，积极与周边单位、社区联系，共建教育基地；有的项目学校将“微爱进行时”作为爱心教育项目的主题思想，在“见贤思齐、自强不息”精神的指导下，形成了“师爱比知识更重要”的教师主题文化和符合自身特色的师爱标准；有的项目学校因地制宜，就地取材，以科研课题助推项目实验的开展，将研究载体与学生的学习、教师的工作、家长的生活有机融为一体，将研究范围与学校、社会、家庭交织为一张相互渗透的立体网络，建立起多维爱心教育体系；有的项目学校设计开展了“一个主线、四个环节、十二种爱，相伴一生”爱心教育活动——以“爱”为圆心，围绕学校“教学、德育、环境、活动”四个环节，设计十二种爱，引导全校师生进入爱的校园文化与爱的教育氛围之中，学会珍爱自我、关爱他人、热爱祖国和自然；有的项目学校将武术特色活动与爱心教育相结合，通过“仁爱人和——凝聚人和正能量”实践活动的开展，发现正能量、吸取正能量、传递正能量，规范师生及家长的行为，推进“仁爱人和”浓郁校园文化氛围的形成；有的项目学校制定了《爱心教育评分细则》《学生爱心成长评价量表》和《教职工爱心发展评价表》，形成了《家校爱心教育现状分析报告》，建立起学生爱心成长评价和奖励机制以及教职工爱心发展评价及奖励机制，编撰了爱心教育校本教材。

## 三、科技教育项目

科技教育项目是中国教育科学研究院九龙坡教育综合改革实验区“六大项目”之一，于 2013 年 2 月正式启动。在区教委和院区合作办公室的指导下，科技教育项目成立了以中国教育科学研究院曹培杰博士为指导专家，以区教师进修学院为项目工作组，以石新路小学、玉清寺小学、兰花小学、和平小学、铁马小学、陶家小学、西彭园区实验小学、渝西中学、西彭一中、渝高中学为项目联盟学校的工作团队。经过多年的实践研究，科技教育项目实验工作已取得显著成效。

### （一）开发了一批科技教育特色课程和校本教材

区项目工作组按照一校一特色、一校一亮点的思路，大力推进各项目学校科技教育特色课程建设与开发，促使学校科技教育活动“抓住特色，突出实效，做出成果”。小学以科学课程为基础，将科学、科技、综合实践活动等课程加以整合；中学以科技主题活动为中心，将物理、地理、生物等学科加以整合，以科学、技术、工程、艺术、制作、实践活动为突破口。项目学校根据科技教育项目特色发展要求，结合学校现有科技教育的基础条件，初步开发建设了 10 门科技教育校本课程，编写了 26 册科技教育校本教材和活动手册，并在科技教育项目实验中积极开展科技教育校本课程和校本教材的实践应用和修订完善。举例如下。

石新路小学开展了“依托科技馆开发校本课程，实践国家课程整合”的研究，在WWT（万维天文望远镜）数字天象厅互动漫游制作、微型机床使用、科技模型制作、科技创新体验等方面开发了系列校本课程，编写了《WWT数字天象厅互动漫游》校本教材1册。

玉清寺小学依据学校多年豆瓣、葡萄酒制作等特色实践活动，以“生活、健康、探究、创新”为主题，以“食品营养与安全”为特色，分主题开发了“舌尖上的玉小”科技教育校本课程，编写了一至六年级《舌尖上的玉小》科技教育校本教材6册，并在学校科技节和各年级科技兴趣小组中使用。

兰花小学依托学校“快乐种植园”基地，以“我的快乐种植”为主题，将科技、劳动、综合实践、美术、书法等多个学科进行整合。开设了种植园准备课程、种的课程、管的课程、收的课程，编写了《我的快乐种植》校本教材1册。

和平小学依托学校中草药特色种植基地“百草园”，以“开展科技种植实践活动，培养学生科学素养”为研究主题，开发编写了低、中、高3个学段的《百草青青》校本教材3册，并在科技教育校本课程中围绕“百草园”开展种植、观察、制作等课堂内外的一系列的科技实践活动。

铁马小学依托小鲁班工作室、机器人活动室、模型制作室和科普书吧，开展“城市学校小场地大科学的学生科技实践活动”研究，将机器人、电子百拼、微型机床等内容整合到校本课程中，针对五、六年级编写了《机器人设计与制作》校本教材1册。

陶家小学围绕市区科技实战研究课题和学校一年一度的科技节，开展“我的奇思妙想”科学创新思维与创新技能培养的科技活动课程，编写了一至六年级《我的奇思妙想》学生科技活动手册6本，并在科学课、综合实践活动课、实践大课堂、科技兴趣小组中使用。

西彭园区实验小学开设了“小巧手”校本课程，编写了《小巧手手工篇》和《小巧手家政篇》校本教材两册。《小巧手手工篇》主要包括纸艺、卵石画、泥塑、科技制作等内容，《小巧手家政篇》主要包括家庭保洁、家庭烹饪、衣物洗涤、安全用电、阳台花园（菜园）、家居小装饰等内容。

渝西中学围绕学校“绿色生态校园”课程建设，打造“一室一林三路八园”，将学校植物园的规划、开辟、种植、维护管理、品种改良等相关知识进行整理，形成了《渝西中学绿色植物与学科课程整合教育教学设计集》《植物栽培技术指导》《有机提纯实践技术指导》等校本教材3册。

西彭一中以学校所在地马鞍山生态公园的“映月湖”周边人文地理景观为研究主题，以学生家乡观光农业发展为线索，将科技知识与人文知识相结合，整合七、八年级的语文、生物、地理、信息技术、综合实践等课程，综合开发了针对七、八年级学生的科技人文校本课程，编写了校本教材《家乡的映月湖》1 册，并荣获重庆市“领雁工程”项目教育成果二等奖。

渝高中学开设了体验探究式科技活动课程，以学生体验探究式学习为主，培养学生的科学素养、创新意识、动手能力，让学生感知和认识与我们生活及学习密切相关的科学问题，针对七、八年级编写了《家庭实验室建设》校本教材 2 册。教材分为两部分，一是家庭实验课程，二是家庭兴趣实验操作。

### （二）培养了一批科技素质优异的师生

#### 1. 培养了一批科技素质优异的学生

区项目工作组通过组织各项目学校参加区、市、全国各级各类科技创新实践活动，培养了一批科技素质优异的学生。他们不仅仅在各级各类科技创新实践活动中取得了优异成绩，还获得了很高的荣誉。2013 年 6 月，石新路小学张铃钰、渝高中学周星宇荣获重庆市青少年科技创新市长奖，实现九龙坡区青少年科技创新市长奖的突破。

2013 年 6 月，和平小学张蔚然、石新路小学莫慧琳获得第三届九龙坡区青少年科技创新区长奖，铁马小学申晨邑、张沥文、黄吉炜以及石新路小学冉心怡、池正洋、李林泽和渝西中学李国燕 3 所学校 7 名学生获得提名奖，占全区提名奖获奖人数的 70%。2013 年 6 月，渝西中学陈慧玲获得重庆市第三届中小学科技节科技制作一等奖和科技制作能手称号。2014 年 6 月，石新路小学肖森洋、渝高中学薛凯宇获得第四届九龙坡区青少年科技创新区长奖，全区获此奖者共 5 人。渝西中学王帅、张婷婷、陈慧玲以及渝高中学肖皓月和石新路小学吴嘉怡 5 名学生获得提名奖，占全区提名奖获奖人数的 50%。2015 年 6 月，陶家小学黄秋月、渝高中学杨书翰获得了第五届九龙坡区青少年科技创新区长奖。玉清寺小学王家艺等 6 名学生获得提名奖，占全区提名奖获奖人数的 60%。

2013—2015 年，九龙坡区评选出第三至五届青少年科技创新区长奖、提名奖、指导奖和培育奖共计 66 项，科技教育项目实验学校获奖 35 项，占全区 70 余所学校的 53%。2013—2015 年，项目学校共有 6 名学生获得青少年科技创新区长奖，有 6 名教师获得指导奖，有 18 名学生获得提名奖，有 3 所学校获得培育奖。目前，10 所科技教育项目实验学校中有 7 所在该项评比中获得荣誉。（见表 2－2）

**表 2-2　科技教育项目实验学校区长奖、提名奖、培育奖获奖统计表**

| 学　校 | 第三届（2013 年） | | | | 第四届（2014 年） | | | 第五届（2015 年） | | | | 合计 |
|---|---|---|---|---|---|---|---|---|---|---|---|---|
| | 区长奖 | 提名奖 | 指导奖 | 培育奖 | 区长奖 | 提名奖 | 指导奖 | 区长奖 | 提名奖 | 指导奖 | 培育奖 | |
| | 5 | 10 | 5 | 3 | 5 | 10 | 5 | 5 | 10 | 5 | 3 | 66 |
| 石新路小学 | 1 | 3 | 1 | 1 | 1 | 1 | 1 | | 1 | | 1 | 11 |
| 渝高中学 | | | | 1 | 1 | 1 | 1 | 1 | 1 | 1 | 1 | 8 |
| 铁马小学 | | 3 | | 1 | | | | | 1 | | | 5 |
| 渝西中学 | | 1 | | | | 3 | | | 2 | | | 6 |
| 和平小学 | 1 | | 1 | | | | | | | | | 2 |
| 陶家小学 | | | | | | | | 1 | | 1 | | 2 |
| 玉清寺小学 | | | | | | | | | 1 | | | 1 |
| 合计 | 2 | 7 | 2 | 3 | 2 | 5 | 2 | 2 | 6 | 2 | 2 | 35 |
| 百分率 | 40% | 70% | 40% | 100% | 40% | 50% | 40% | 40% | 60% | 40% | 67% | 53% |

2. 培养了一批科技素质优异的教师

通过项目实验，各项目学校涌现了一批科技素质优异的教师。2013 年 8 月，石新路小学周泽武、陶家小学赵小林、渝高中学谭乐明、玉清寺小学何绍凤被评为九龙坡区首批“中小学科技教育名师工作室”教师，全区共 10 名，科技教育项目实验学校占 4 名。2014 年 8 月，渝西中学曹恒、石新路小学杨鹏、和平小学林利军、铁马小学刘鹏被评为九龙坡区第二批“中小学科技教育名师工作室”教师，全区共 4 名，全部为科技教育项目实验学校的教师。刘鹏老师还获得了 2014 年优秀科技模型裁判奖，何绍凤老师还被评为重庆市优秀科技辅导员。

2013 年，石新路小学成立重庆市科技教育名师工作室，周泽武、杨鹏被评为重庆市科技教育名师工作室教师，丁晓华被评为重庆市科技教育先进个人。2013 年，和平小学林利军获得第三届九龙坡区青少年科技创新区长奖的指导奖，还被评为重庆市优秀科技辅导员。和平小学夏莹、张兴平、林利军的科技教育方案和论文获得市、区一等奖。2014 年，渝高中学陈伟、石新路小学杨鹏获得九龙坡区青少年科技创新区长奖的指导奖。2015 年，陶家小学冯萍、渝高中学谭乐明获得九龙坡区青少年科技创新区长奖的指导奖。

## （三）推动一批科技教育特色项目和特色学校发展

陶家小学、铁马小学、渝西中学、玉清寺小学、和平小学在科技实践活动和科学研究论文项目上取得了较大发展，多次在市、区科技创新大赛上获得一等奖。石新路小学、渝高中学、西彭一中、陶家小学分别在创造发明、机器人项目上取得优异成绩。兰花小学指导学生取得国家使用新型专利38项。2015年5月，在第十届“全国青少年未来工程师博览与竞赛”中，和平小学获建筑设计项目铜奖（中小学组第三名，小学组第一名），西彭园区实验小学获其参赛项目的全国一等奖，渝高中学校获“木梁承重”和“过山车”两个项目的全国三等奖，西彭一中获“创意微拍”项目全国三等奖。

2013年，石新路小学被评为重庆市科技教育先进集体，石新路小学科技馆被中国科协评为国家级科学工作室。2014年，石新路科技馆、杨家坪动物园、巴人博物馆和重庆市园林科普互动体验中心一起被评为九龙坡区四大科普教育基地并授牌。2013年8月，渝西中学入选九龙坡区首批“农村中小学科技活动室”。2014年8月，和平小学、西彭园区实验小学入选九龙坡区第二批“农村中小学科技活动室”。陶家小学、铁马小学连续三年被评为区科技创新大赛“优秀组织奖”。

2013年6月，石新路小学、铁马小学、渝高中学获得了九龙坡区首届青少年科技创新学校培育奖，科技教育项目实验学校获得全部的3个培育奖。2015年6月，石新路小学、渝高中学获得了九龙坡区第二届青少年科技创新学校培育奖，科技教育项目实验学校获得全区3个培育奖中的两个。

石新路小学、和平小学、铁马小学、玉清寺小学、兰花小学、渝高中学、渝西中学成长为市、区科技教育特色学校，成为区科技教育骨干示范学校，引领全区科技教育蓬勃发展。

## （四）项目实验研究深入推进科学有效

### 1. 制定科学可行的项目实施方案

2013年3月、6月、12月，区项目工作组3次召开项目学校联盟研讨会，专题研讨各学校项目实施方案初稿、修改稿和特色科技教育项目发展报告。在院区专家的指导下，区项目工作组不断挖掘项目学校现有条件，结合学校实际情况，引导学校制定项目实施方案并在实践中不断予以完善，引导学校制定主题明确、操作性和科学性较强的实施方案。在每月一次的联盟活动中，区项目工作组引导各项目学校在实践中不断修订和完善项目实施方案，明确项目研究的主题与内容，厘清项目实验的方法与步骤，实现学校科技教育的特色发展。

2. 坚持开展项目联盟展示交流和主题研讨活动

区项目工作组共组织开展项目联盟交流展示和主题研讨活动 11 次。其中，针对各联盟学校实施方案进行专题研讨 3 次，专题指导各学校撰写科技教育特色发展报告 1 次，组织校本课程、校本教材专题研讨 4 次，针对学校科技教育方案实施、主题活动开展、项目特色发展、项目实验成果整理等主题调研与研讨 3 次，针对项目实验开展情况进行专项调研 1 次。丰富多彩的项目联盟活动不仅为各项目学校搭建了良好的交流展示平台，也促进了各项目学校科技教育的特色发展和项目实验的深入开展。

（五）科技创新活动丰富多彩成绩斐然

1. 组织开展丰富多彩的科技创新实践活动，并取得优异成绩

区项目工作组积极组织和指导各项目学校参加区、市、全国各级各类青少年科技创新实践活动。各项目学校在开展学校科技节、科技周等科技创新普及活动的基础上，选拔培养热爱科技创新实践活动的学生参加区、市、全国的青少年科技创新大赛、机器人竞赛、青少年科技模型大赛、重庆市中小学科技活动节、宋庆龄少年儿童发明奖评选活动、“争当小实验家”科学体验活动、全国科普活动周等青少年科技创新实践活动。科技教育项目实验学校获奖情况见表 2－3。

**表 2－3　科技教育项目实验学校获奖成果统计表**

| 学校及获奖等级 | 国家级 | | | | 省市级 | | | | 区级 | | | | 合计 |
|---|---|---|---|---|---|---|---|---|---|---|---|---|---|
| | 一等奖 | 二等奖 | 三等奖 | 优秀奖 | 一等奖 | 二等奖 | 三等奖 | 优秀奖 | 一等奖 | 二等奖 | 三等奖 | 优秀奖 | |
| 石新路小学 | 3 | 11 | 1 | 3 | 18 | 45 | 134 | 14 | 99 | 120 | 87 | 31 | 566 |
| 陶家小学 | 发表文章 4 篇 | | | | 19 | 37 | 30 | 2 | 16 | 17 | 19 | 3 | 143 |
| 和平小学 | 1 | | | 1 | 10 | 28 | 29 | | 4 | 17 | 19 | 1 | 110 |
| 渝高中学 | | 1 | 3 | | 4 | 2 | 4 | | 6 | 4 | 12 | | 36 |
| 铁马小学 | | 1 | 1 | | 2 | | 5 | | 15 | 15 | 18 | | 57 |
| 西彭一中 | | | 1 | 11 | 3 | 1 | 2 | 5 | 3 | 11 | 8 | | 45 |
| 玉清寺小学 | | | | | | 2 | | 1 | 9 | 10 | 19 | | 41 |

续表

| 学校及获奖等级 | 国家级 | | | | 省市级 | | | | 区级 | | | | 合计 |
|---|---|---|---|---|---|---|---|---|---|---|---|---|---|
| | 一等奖 | 二等奖 | 三等奖 | 优秀奖 | 一等奖 | 二等奖 | 三等奖 | 优秀奖 | 一等奖 | 二等奖 | 三等奖 | 优秀奖 | |
| 西彭园区实验小学 | 1 | | | 5 | 4 | 5 | 5 | 6 | 4 | 8 | 20 | 3 | 61 |
| 兰花小学 | 国家使用新型专利38项 | | | | | | | | 7 | 9 | 18 | | 34 |
| 渝西中学 | | | | | 1 | 4 | 3 | | 17 | 12 | 10 | 4 | 51 |
| 合计 | 5 | 13 | 6 | 20 | 61 | 124 | 212 | 28 | 180 | 223 | 230 | 42 | 1144 |
| | 44 | | | | 425 | | | | 675 | | | | |

备注：获奖统计时间为2013年3月至2015年5月。

2. 扎实开展科技教育“五个一”创新实践活动

2013年7月，为丰富学生暑假生活，培养学生的创新精神和实践能力，区项目工作组指导各项目学校开展暑期科技教育“五个一”创新实践活动，即读1本科普读物、看1部科普教育的影视片、讲或读1位科学家的故事、参观1处科普教育基地、写1篇科技研究小论文。倡导学生从创造发明、科技小制作、科学研究论文写作、科学幻想绘画、机器人创意等创新实践活动中自主选择其中1—2项参加。2013年9月，各项目学校对暑期科技教育实践活动进行统计小结，10所学校中，读1本科普读物的有7395人次，看1部科普教育的影视片的有6507人次，讲或读1位科学家的故事的有7109人次，参观1处科普教育基地的有5151人次，写1篇科技研究小论文或参与科技活动的有4276人次，参与其他科技实践活动的有4324人次，总计34762人次参与了暑期科技教育实践活动。

3. 组织开展科普阅读和优秀科普读物评选活动

2013年9月，区项目工作组指导各项目学校大力开展师生科普阅读活动及优秀科普读物推荐评选活动，倡导各项目学校开展小组、班级、学校的读书交流会、讨论会、演讲比赛等系列与科普阅读相关的活动。各项目学校在组织全体师生广泛阅读各类科普读物的基础上，组织学生开展推荐“我最喜爱读的科普文章”和“我最喜爱读的科普书籍”的活动，学校将学生推荐的最喜爱读的科普文章和图书做成《我最喜爱读的科普文章》和《我最喜爱读的科普书籍》汇编材料。陶家小学还创造性地利用微信、短信和学校班级QQ群，倡导师生每天传播和阅读一条科技信息、一个科技故事。

## 四、 教育信息化建设项目

### (一) 科学规划，有序建设，信息化教育环境初步形成

为贯彻落实《教育信息化十年发展规划（2011—2020年）》，九龙坡区制定并实施了《九龙坡区中小学“数字校园”建设实施计划》，中小学校信息化教育环境初步形成。2011—2014年，全区投入8623万元，建成千兆网络的城域网，实现了宽带网络“校校通”、电子白板“班班通”、多媒体“室室通”，基本实现WiFi全覆盖。8所项目学校采取多种渠道加快教育信息化建设，其教育信息化建设水平达到全市一流。铜罐驿小学利用教育部设立的信息化试点校契机，专项投入资金150万元，购置平板电脑200余台，建成4间“人人通”教室、4间“组组通”教室。高新实验一小采取企业捐赠、社会资助、家长支持等方式，建成“人人通”实验班。田坝小学建成两个一对一学习实验班，开展翻转课堂教学改革实验。此外，每年教委拨有专项资金，支持项目学校自主进行教育信息化建设。

与此同时，九龙坡区加强对教育信息化建设项目的指导与管理，效果显著。督促并指导各项目学校利用“168”软件平台对教育信息化设备进行详细登记。2013年5月、2014年9月，区电教站和信息中心两次到学校调研并督察学校的设备管理情况，要求学校管好、用好教育信息化设备。2014年12月，九龙坡区顺利通过国家义务教育均衡发展检查，区内学校教学设备的建设、管理和应用获得专家一致好评。

### (二) 以“深度融合”为目标，三种模式助推课堂教学改革

在“互联网+”时代，学校要依托信息技术先进手段，落实“以人为本、以生为本”的教育理念，提高学生学习的效率与效果。利用信息技术，学生课前学习基础知识，课中解决疑惑，课后拓展延伸，学到了“点子”上；同时，信息技术有利于培养学生自主学习的习惯。项目学校在如何利用信息技术获得“高效教学”上狠下功夫，围绕“班班通”“组组通”“人人通”三种模式开展“翻转课堂”教学探索。在项目实验过程中，中国教科院驻区专家曹培杰博士多次到8所项目学校指导工作，为项目学校的实验出谋划策，深

受学校好评。

项目学校各显神通，“闯”出独具特色的教育信息化建设之路。高新实验一小努力践行“办一个实验班、上一堂直播课、建一个交互网”，通过创新“翻转课堂”教学模式，转变学生学习方式，探索出“问题引导—自主探究—问题解决”的“翻转课堂”教学模式。铜罐驿小学积极改善信息化教学环境，定制了“组组通”的桌椅，实现了一、二年级“班班通”以及三、四年级“组组通”和五、六年级“人人通”的教学格局，形成以“四环六步”为主要结构的教学方式。铝城小学分层推进，让“班班通”真正有效地运用于课堂教学，将电子白板的功能发挥到极致。田坝小学打造“信息化的探索式课堂”，在翻转的教学模式与正常的教学模式下，均能以不同方式借助信息技术实现高效教学，形成“以探索之教，育探索之人”的课堂。西彭三中在逐步改善学校信息化条件的过程中，探索出“校外翻转、校内翻转、课内翻转”等多种教育信息技术应用模式。谢家湾小学全力推进教育信息化建设，实现了教师办公和学习网络化、数字化，优化了校园信息化网络环境，改造学校网站并进行网络扩容，构建了信息化管理平台，在阅读与生活、数学与实践、科学与技术、艺术与审美、运动与健康五门课程的课堂教学中整合运用信息技术。天宝实验学校立足当前、着眼未来，稳步推进教育信息化建设，打造信息化资源网络学习平台，并结合学校“生本导学”课堂教学模式，支持学生利用信息技术进行个性化学习。鹅公岩小学建立了一支信息化管理队伍，完善了校园网络，开展了一系列教育信息化培训，建成了功能齐全的校园电视台，组织教师开发了微课程资源，并将其应用于课堂教学。

### （三）组建高端专家咨询团队，培养了一批优秀的信息化教学名师，建成了一批数字化学习实验班

在中国教科院驻区专家组的协调下，九龙坡区成立了由北京师范大学教育技术学院院长余胜泉教授、深圳南山实验教育集团程显栋总校长等教育信息化权威专家组成的高端专家咨询团队，培养了一批优秀的信息化教学名师。在微课制作方面，西彭三中赵传振老师、鹅公岩小学李双怡老师、石新路小学何俊卿老师以及渝高中学吴蓓老师等制作的微课作品在区微课培训会上展示后，受到广泛关注；其中，赵传振老师在 2014 年重庆市教研员、“一网一刊”资讯员培训会上作专题发言。高新实验一小陈勇老师、黄飞老师在重庆市“云课堂”活动中展示的两堂课例受到好评。西彭三中杨伟校长以身作则，带领本校项目实验教师在网上参加“慕课”学习，完成“翻转课堂”教学法课程学习，均顺利获得中国大学 MOOC 认证证书。谢家湾小学严昌兵、李妍

妍等多名教师在国家级、市级赛课中获奖。

### （四）自主创新，利用微课成功破解资源应用难题

2013年，“微课”成为网络环境下学生自主学习的热门资源，项目工作组敏捷地抓住了这一契机，决定开展面向全区性的微课制作大赛。2013年10月10日，项目工作组开展了全区性的首届微课培训活动，来自71所中小学的130余名教师参加了培训。截至2013年12月20日，项目工作组共收集到微课作品431件。12月25日，项目工作组组织了中国教科院、西南大学、重庆市教育信息技术与装备中心（以下简称市技装中心）相关专家进行了微课作品评审。2014年5月16日，项目工作组组织召开了首届微课作品展评会，展评会上邀请了北京师范大学余胜泉教授作“微课与微型学习”的专题报告。2014年10月27日，区教师进修学院下发了开展第二届微课大赛的通知，继而开始了区第二次微课大赛，同时将获奖作品推送参加重庆市首届微课制作大赛评比。

“微课”不仅要做出来，更重要的是要应用到教学中来。教育信息化建设项目组设计的“微课学习平台”则是这方面的重要物化成果。

在对学校进行微课培训的同时，项目工作组组建信息中心精干力量，对微课平台不断进行升级完善，自2014年9月起，在中国教科院曹培杰博士、区教师进修学院副院长蒋元斌等专家指导下，信息中心相关人员开始设计九龙坡区微课学习网络平台。经过了近半年的设计、调试、技术攻关，区教育信息中心建立了目前国内少见的“微课学习中心”网络平台。当前，“九龙微课学习中心”网络平台支持利用使用Windows、Android、IOS三大操作系统的移动终端设备进行在线学习，支持学习任务的发布、接收、汇总、统计等，支持学生和教师在线实时交流，支持教师针对不同差异的学生发布不同的学习任务，支持视频自动转码、课件在线预览等多项功能。该平台现已成为较完善的“翻转课堂”学习平台，特别适合在“人人通”环境下利用平板电脑进行教学和学习。当前部分项目学校正在大力推进该微课平台在实际教学中的应用。

### （五）立足课题研究，进一步深入实验研究

开展以生为本的教育信息化实验研究，其重点就是要解决好学生差异学习问题。为此，项目工作组申报了全国教育信息技术“十二五”规划2013年度重点课题“面向个体差异的信息化教学实践研究”。2013年10月30日，项目工作组邀请了中央电教馆研究部蒋宇老师就本课题的相关研究方向做了专

题讲座。2014 年 12 月 11 日，课题在区教师进修学院隆重开题，中央电教馆研究部课题主管张静然、市技装中心副主任谭中长、市技装中心教研培训部主任杨宏、市教科院信息中心主任杨博出席开题论证会。本研究从学生的视角出发，利用心理测评技术和学习分析技术，衡量学生的认知特点和学习前提系统表征，评估学生的优势潜能和最佳学习模式，设计学习服务的个性推送方案和差异教学策略，开展多元化教学评价，探索不同信息技术条件下的个别化教学操作模式，促进技术与教学的全面深度融合，实现“尊重差异、发现差异、利用差异、发展个性”的信息化教学。

为加盟课题研究，提升学校研究水平，经申报与项目工作组审核，11 所学校成为本课题的子课题学校。各子课题学校在总课题的引领下，根据本校实际制定了研究方案，包括高新实验一小的“网络环境下的高效翻转课堂研究”、铜罐驿小学的“基于‘组组通’环境的主动课堂实践研究”、西彭三中的“农村中学基于信息化教育环境实施‘以生为本’差异教学的策略研究”、森林小学的“数字教育资源建设与应用研究”、九龙坡区白市驿镇第二小学（简称白市驿二小）的“‘班班通’环境下数学学科差异教学的实践研究”、田坝小学的“网络环境下的高效翻转课堂研究”、职教中心的“面向个体差异的中职数字化教学资源开发和应用研究”、铝城小学的“‘班班通’环境下教师引导策略的实践研究”、天宝实验学校的“当前信息化条件下学生自主学习方式的研究”、谢家湾小学的“信息化环境下对话课堂的创新实践研究”和铁路小学的“‘班班通’环境下差异教学实践研究”。在总课题开题会上，与会课题主管给项目学校颁发了子课题立项通知书。各子课题学校在课题立项后，针对学校实际开展了子课题研究。同时，为加强区域微课程的建设和利用，项目工作组还成功申报了全国教育信息技术“十二五”规划 2014 年度专项课题“区域微课程资源共建共享机制研究”。

优质的教学资源，科学的教学手段，先进的学习环境，高效的学习方法，这就是对未来教育信息化的展望。随着社会的发展和教育信息化的不断普及，我们有理由相信这一天会很快到来。

## 五、学校安全管理项目

安全管理项目实验学校通过开展多形式、创新性的宣传教育活动，加大了学校对安全事故的预知预控，提高了师生的安全责任意识。学生安全预防、自救能力明显增强，师生自主参与安全教育的程度、学校安全管理的水平明显提升。

## （一）常规管理，日臻规范

在专家的指导下，安全管理项目实验学校的安全管控能力逐渐提升，各项目学校现已逐步形成了“齐抓共管、到底到边、无缝覆盖”的“平安校园”管理格局。

### 1. 安全管理制度化

项目学校均制定了学校安全制度、学校安全预案、学校安全工作流程图等规章制度，做到了安全管理有章可循、违章必究、不留盲点、不出漏洞，达到规范师生行为、减少安全隐患的目的，使安全工作的推进有了强有力的制度保障。

### 2. 安全管理系统化

一是建立事前预防、事中应对、事后恢复的“3R”安全管理体系，系统化地思考每一个安全环节；二是基本实现校园主要场所监控全覆盖，建立了“横向到边、纵向到点”的安全防范网络；三是积极落实“一岗双责”要求，基本建立起了全员参与的安全管理的工作体系。

### 3. 安全教育常态化

项目学校通过聘请专家来校讲座、学校老师系统教育、鼓励学生现身说法、提倡学生自我教育等方式来加强对本校学生的安全教育，有效提高了师生的安全意识和自我防护能力，达到了学校安全管理项目实施的现实目的。

### 4. 隐患排查常规化

项目学校通过定期开展隐患排查确保了安全管理零事故。一是查漏补缺，安全设施标识以及技术防范设备等更加完善；二是加强对食堂、饮水卫生、环境设施的定期检查，安全监管整治及时到位。

## （二）创新管理，亮点纷呈

项目实验过程中，各项目学校始终把安全教育作为重要内容，创造性地开展项目实验工作，取得了诸多富有创新色彩的实践成果。

### 1. 寓教于乐——创新安全教育方法

项目学校结合本校实际和安全教育内容，针对师生安全薄弱环节，创新方法，开展了丰富多彩、寓教于乐的安全实战演练、趣味运动会、亲子运动会等教育活动，多形式、多内容、多途径地加强了安全宣传教育，取得了一系列显性成果：高新区育才学校被教育部评为“全国和谐校园”，获得“重庆市平安校园”“重庆市消防安全教育示范学校”等荣誉，在重庆市第二届中小学生公共安全教育优质录像课竞赛中荣获一等奖；职教中心参加全市第二届网络安全知识竞赛荣获“优秀校长奖”和“优秀组织奖”；工艺美术学校参加全国文明风采大赛组委会主办的安全主题比赛，获得国家级一等奖两个、二等奖两个；铁路小学参加重庆市第二届中小学生公共安全教育优质录像课竞赛荣获一等奖。

2. 科研引领——创新安全管理路径

各项目学校针对项目实验中的疑难问题，从不同角度科学、深入地对学校安全管理问题进行实践研究，多项学校安全管理的创新性专项课题获批立项。例如，针对女生的安全问题，项目学校设专题开展实践研究，依据时代特点，创新女生安全保护组织建设，编印了一批内容涵盖基本防护常识、女生集体宿舍安全、女生夜间行路安全、女生防止性侵害、女生校外安全注意事项的宣传资料，开展了一系列的女生安全防范及青春期知识普及活动。

在开展实践研究的过程中，学校安全管理项目实验呈现出一系列的物化成果：项目工作组参与编写的《小学生防溺水安全教育读本》在高等教育出版社出版发行；重庆市九龙坡职业教育中心编写的中职学生《安全教育知识读本》由东北师范大学出版社出版发行；111 中学两位教师撰写的《初中学生安全教育有效性初探》《民以食为天》两篇论文被中国教育学会采稿。项目工作组还专门编写了《守护甜心——女生（防性侵）安全教育家长手册》《中小学生防震逃生知识手册》，向全区中小学生发放。

3. 内外联动——创新安全管理机制

项目学校通过创新开展家校联动、警校合作、校社合作等内外联动的多主题活动，切实提升了师生的安全意识、防范能力，同时也提高了学校的安全管理水平，扩大了学校安全管理的社会影响。其中，鹅公岩小学、杨家坪中学在接受公安部、教育部、中央社会治安综合治理委员会办公室联合检查校园安保工作中，受到了专家组的充分肯定；铁路小学获得了“重庆市文明交通示范校”称号；渝西中学加强安全综合治理，建立了“镇、厂、园、校”四维体系，形成了信息互通、相互配合的社会治安综合治理体系，保证了师生的安全。

4. 标准建设——营造学校安全环境

安全设施完备、具有安全防护能力的学校环境，是学校安全管理的基础。在项目实验过程中，各项目学校在标准化学校建设的基础上，根据国家和地方的有关法律、法规和标准规范对学校的安全设施进行建设和改造，通过安全教育进课堂、片区警察驻校园、安全监控全覆盖等方式不断优化校园环境，确保学生安全。

学校安全管理项目实验坚持以安全管理为核心，完善安全管理体系，提升安全教育效果，加强安全硬件建设，建立健全学校安全工作机制，使学校安全管理体系进一步完善、安全教育效果进一步提升、安全硬件建设进一步加强、安全事故数量进一步减少，整体提升了九龙坡区学校安全管理水平。

## 六、书香校园建设项目

为深入贯彻党的十八大精神和《国家中长期教育改革和发展规划纲要(2010—2020年)》要求，区教委紧紧围绕九龙坡教育“三战略”，真正凸显九龙坡教育“三原色”，着力提高师生的人文素养，营造书香校园，打造学习型组织，为九龙坡实验区的教育综合改革奠定了良好的基础。书香校园建设项目于2013年2月启动，22所中小学校参与了项目实验。

在区教委的领导下，在中国教科院驻区专家组和区教师进修学院的直接指导下，书香校园建设项目工作组正式成立，负责对22所中小学校的书香校园建设进行研究和指导。各项目学校认真拟定了《书香校园建设项目实施方案》，成立了学校层面的项目实验工作组，由校长担任组长，把项目工作纳入学校的重点工作，保障项目实验顺利推进。各项目学校在工作实践中不断修正和调整项目实验计划，细化了工作任务，明确了工作要求，确保了工作有序进行，取得了一些颇具区域特色的建设成果。

### （一）学校建设了“三级阅览区域”

截至2015年年底，22所书香校园建设项目实验学校均建有规范的图书馆和阅览室。各项目学校的图书、报刊数量和种类基本达到国家规定的标准(图书：小学15册，初中25册，高完中45册；报刊：小学40册，初中60册，高完中100册)。各项目学校做到了定期购买图书，图书年更新率不少于学校藏书总量的3%，以增加图书总量，改进图书结构。各项目学校均建设有“三级阅览区域”（图书室—开放性书吧—班级图书角），“三级阅览区域”基本按照区教委规定的数量和种类进行配置。为充实教师的专业知识，提高教师的教育教学水平，部分学校还给予教师一定的图书经费，鼓励教师自主购买图书、订阅教育杂志。图书室、阅览室均设有专（兼）职管理人员并做到有序管理，部分学校还建立了电子借阅系统。

## （二）师生的阅读兴趣与行动大幅度提升

为了全面了解书香校园建设项目的实施情况、科学论证师生阅读计划的合理性，项目工作组于2012年12月和2013年12月先后两次对全区师生的阅读状况进行了调查。从调研数据的前测与后测的比照中，我们能够看出广大师生的阅读状况发生了可喜的变化。（见表2－4、表2－5）

**表2－4　教师阅读调研数据前测与后测比照表**

| 调研项目＼时间 | 2012年12月 | 2013年12月 |
|---|---|---|
| 阅读量——年读书6本以上（占比） | 51.40% | 61.4%（平均12.12本） |
| 阅读时间——每周6小时以上（占比） | 29.60% | 33.90% |
| 消遣方式——首选阅读（占比） | 26.10% | 48.40% |
| 家庭藏书——100本以上（占比） | 40.70% | 46.10% |
| 经常参加阅读活动（占比） | 19.50% | 39.80% |
| 经常推荐学生阅读（占比） | 33.30% | 52.80% |
| 阅读指数（百分制） | 47.51 | 51.28 |
| 阅读素养认知指数（百分制） | 73.51 | 77.46 |

从表2－4中可以看出，开展读书活动以来，九龙坡区教师在阅读量、阅读时间、消遣方式选择、家庭藏书、参加阅读活动、影响和推荐学生阅读以及教师阅读指数、教师阅读素养认知指数等方面，都呈上升趋势。

**表2－5　学生阅读调研数据前测与后测比照表**

| 调研项目＼时间 | 2012年12月 | 2013年12月 |
|---|---|---|
| 非常喜欢阅读（占比） | 60.08% | 71.26% |
| 坚持按计划阅读（占比） | 49.40% | 63.72% |
| 阅读时间——每天两小时以上（占比） | 16.78% | 22.40% |
| 坚持做读书笔记（占比） | 33.89% | 42.13% |
| 经常与父母读书交流（占比） | 23.05% | 39.56% |
| 老师经常推荐阅读（占比） | 33.03% | 52.77% |
| 学校藏书完全满足（占比） | 44.03% | 57.36% |

续表

| 调研项目＼时间 | | 2012 年 12 月 | 2013 年 12 月 |
|---|---|---|---|
| 学校组织读书活动形式（占比） | 好书推荐 | 50.26% | 71.88% |
| | 演讲论坛 | 37.23% | 46.44% |
| | 征文比赛 | 64.64% | 72.02% |
| | 读书会 | 43.21% | 56.91% |
| | 漂书活动 | 15.39% | 31.15% |

从表 2－5 中可以看出，实施全科阅读以来，九龙坡区学生在阅读态度、阅读习惯、阅读活动等方面的数据都呈上升趋势，尤其是读书活动形式丰富，学生在读书的实践体验里得到了精神的滋养和能力的提升。

### （三）形成了多方联动的书香校园建设方式

书香校园建设，涵盖教师的“修远阅读”与学生的“全科阅读”，还包含家庭的亲子阅读。该项目实验以学校和家庭整体联动、合力助推的方式，营造全员阅读、共同成长的良好态势。在学校整体联动方面，把读书活动与校园文化建设或教师校本培训有机结合，实现读书与文化、与培训的双赢效应。在师生整体联动方面，开展师生共读活动，建立师生阅读共同体，提高阅读质量。在学科整体联动方面，把全科阅读纳入到各学科的课堂教学中，将课时结构改变为“3＋X＋Y”。“3”是指课前 3 分钟，让学生进行资料交流、阅读展示、主题演讲；“X”和“Y”是两个变量，分别指教学教材内容和拓展延伸两个时间段，拓展延伸时间段可以开展“阅读链接”“交流展示”“课堂检测”等活动。在家校整体联动方面，开展亲子阅读行动，建立家校阅读共同体，拓展读书空间。

### （四）构建全方位的书香校园建设行动体系

自师生阅读计划启动以来，全区中小学校在书香校园建设上，形成了较为健全的行动体系，主要包括以下几个方面。

第一，依照标准配置图书，丰富阅读资源。各学校按照教育部新课标必读书目、新教育基础阅读推荐书目以及区教委推荐的各年段读物，购置图书，建立阶梯阅读体系。

第二，建立阅读课程体系，确保书香校园建设项目落到实处。各学校积极探索具有学校特色的阅读课程体系，以确保书香阅读的实效性。

第三，培育书香校园文化，以书香环境浸润心灵。把书香校园建设与校园文化建设有机融合，实现两者的共生共长、齐头并进。

第四，多方搭建交流平台，展示阅读成果。在区级层面和学校层面分别举办了主题鲜明的讲堂、论坛活动。

第五，健全书香校园评价体系，保障书香校园建设项目的有序开展。研究形成书香校园建设项目的评价方式、内容和评价量表，实现以评促建、评建结合。

第六，开展亲子阅读，辐射社区读书活动。各项目学校以多种阅读形式影响家庭和社会，让学校、社区、家庭充分参与到读书活动之中。

第七，树立阅读榜样，彰显榜样的示范影响作用。区教委主任陈瑜和谢家湾（金茂）小学舒晓玲分别被选为 2013 年度和 2014 年度全国推动读书十大人物。同时，区教委每年都会组织“书香校长”和“书香教师”的评选活动，隆重表彰和宣传这一荣誉获得者。

# 第三章

# 现代学校制度的建设

随着素质教育的推进和课程改革的深入，教育改革已经从“摸着石头过河”的浅水区进入到亟待制度创新的深水区，建立现代学校制度成为创新教育体制的重要突破口。《国家中长期教育改革和发展规划纲要（2010—2020年）》提出，建设依法办学、自主管理、民主监督、社会参与的现代学校制度，构建政府、学校、社会之间新型关系，就西部地区来说，虽然各省市开展了现代学校制度建设的调查与实践研究，取得了一些经验与成果，但是与现代学校教育制度建设总体要求还相差甚远。因此，西部基础教育现代学校制度建设是一项重大的教育理论与实践研究课题。

重庆是地处西部的年轻直辖市，具有明显的城乡二元结构特点，大城市与大农村并存，区域发展不平衡。九龙坡区虽位居重庆主城，但城乡差距依然明显，以中梁山山脉为界的东西部地区教育发展仍不平衡。要想增强区域教育自身发展能力和竞争力，率先实现西部基础教育现代化，就需要建立与此相适应的现代学校制度，科学处理政府、学校、社会之间的关系，明确各方的责任和义务，激发中小学校创新发展的活力和动力，形成政府、学校、社会之间有效互动的良好格局，提升区域教育的现代化水平。

# 第一节
# 现代学校制度建设研究的基本思路

根据教育部《全面推进依法治校实施纲要》（教政法〔2012〕9号）的通知要求，现代学校制度建设的研究，首先需要深刻认识全面推进依法治校的重要性，提高学校治理法治化、科学化水平；其次是要深刻认识全面推进依法治校的紧迫性，对学校推进依法治校认识不到位、制度不健全、部分教育行政管理人员依法行政意识和能力还不强等，要提高到深化教育改革的高度进行重视；最后要针对现代学校制度建设，开展课题研究，以研究推进各个学校的制度不断修改与完善，充实现代学校依法治理的内容。

## 一、明确好现代学校制度建设研究的指导思想

坚持按“依法办学、自主管理、民主监督、社会参与”的现代学校制度建设的总体要求，以制度建设为提高教育质量服务和为教育发展行政决策服务为总体思路，以建设科学、规范、高效的现代学校制度为突破口，全面贯彻党的教育方针，把立德树人以及培养德、智、体、美全面发展的社会主义建设者和接班人作为现代学校制度建设的重要指导思想，以制度建设提高校长、教职工和学生的法律素质，提高办学行为的现代化水平，提升学校管理质量，深化区域教育改革，努力办好人民满意的教育。

## 二、落实好现代学校制度建设研究的总体目标

现代学校制度建设研究的总体目标在于以研究引领中小学校充分理解与

贯彻落实好《国家中长期教育改革和发展规划纲要（2010—2020年）》的精神，以及贯彻执行好教育部关于《全面推进依法治校实施纲要》的要求，同时在研究过程中促进各学校科学、规范、系统地开展好现代学校教育改革与发展的管理、培训、教研、教学等多方面的工作，尽快形成适应现代学校改革与发展的规章制度体系。具体而言有三个研究目标：一是探索并形成符合区域基础教育发展特点的现代学校制度框架体系，为全区率先实现西部教育现代化、提高学校办学质量做好基础性、前沿性的制度建设工作；二是在研究基础上，有效解决“现代学校新型关系、现代学校治理制度、现代学校文化制度、现代学校课程与教学制度、现代学校发展性评价制度”五个方面存在的一些具体问题，探索并建立符合区域特色的现代学校制度建设的推进模式和操作路径；三是形成具有科学性和实践性的现代学校制度建设的物化成果，为承担的“西部区域基础教育现代学校制度建设的实践研究”课题结题评审提供内容。

## 三、选择好现代学校制度建设研究的策略

教育教学质量的提高离不开现代学校制度建设研究，而现代学校制度建设研究按照中央三中全会关于加快推进治理体系和治理能力现代化部署的要求，应在“构建政府、学校、社会新型关系为核心，推进管办评分离为基本要求，现代学校制度建设为基本立足点，加快推进我区教育治理体系和治理能力现代化，建立以学校持续健康发展为导向的工作机制，努力形成政府宏观管理、学校自主办学、社会广泛参与格局”的总体对策上，选择“观念引领、重点突破、点面结合”具体的研究对策。

观念引领——建起先进的制度观念基础。形成现代民主与法制理念，形成现代教育观、师生观、课程观、教学观、质量观等，使现代教育理念深入人心，为现代学校制度建设奠定先进观念基础。当前，最重要、最紧迫、最便捷的办法，便是认真学习建设现代学校制度的理论专著、名校实践经验，用新的思想观念武装头脑、指引行动。

重点突破——部分重大制度取得实质性突破。一是区域中小学校在现代化发展中，现代学校治理制度和现代学校课程与教学制度的内容与体系建设，这两个方面的课题研究必须提供年度的研究成果或阶段研究报告，这是完成总课题研究报告的主体性内容；二是结合区域开展的“品质课堂”“家长教育行动”等，实施各子课题研究，争取在年中完成有区域特色的研究报告，充

实完善好总课题研究报告。

点面结合——现代学校制度的建立非一日之功，必须按照“顶层设计—试点先行—有序推进—全面铺开”的思路进行。试点成熟的制度经验需要转化为更大范围的共享成果，使点上的经验在面上推开，面上的问题在点上得到解决，形成点上突破、面上覆盖、质上提高的良性循环。

## 四、实践好现代学校制度建设研究的几方面内容

1. 建立好现代学校制度建设研究的机构

现代学校制度建设研究必须要有专家指导，在九龙坡区开展的“西部区域基础教育现代学校制度建设的实践研究”中，我们建立了由李继星、曹培杰、王明建、刘永福四位专家组成的专家组。同时，我们还成立了课题研究组，组长由区教委主任陈瑜担任，副组长由郭华副主任、区教师进修学院钟及龙院长担任。

2. 组织好现代学校制度建设研究的培训

现代学校制度建设研究必须要对课题研究管理人员和研究人员进行分层次培训指导。一是聘请市区专家和驻区专家对相关人员进行培训，印发相关的理论学习资料和好的研究成果资料；二是组织子课题研究人员按类别参加学习培训会，定期印发课题研究动态信息材料；三是各子课题学校校长主持学习课题开题报告、国家相关制度建设的政策法规、其他学校或单位好的研究方法与成果等，不定期开展针对研究人员的专题培训活动。

3. 开展好现代学校制度建设研究的主题活动

现代学校制度建设研究需要组织开展总课题及板块研究进展状况的汇报活动，需要组织召开总课题或子课题研究指导评审座谈会，需要根据各子课题研究过程中存在的问题召开主题研讨交流会，以总结经验、提炼成果。

4. 保管好现代学校制度建设研究的过程资料

现代学校制度建设研究的过程资料与成果资料必须进行专门管理。九龙坡区教师进修学院科研中心把课题研究形成的各类过程资料、成果资料等进行收集、整理、建档，同时要求各学校教科室（处）作为本校子课题秘书组，收集、整理子课题研究形成的过程资料、成果资料等。

5. 建设好现代学校制度建设研究的制度

建立健全现代学校制度建设研究的规章制度，如研究人员职责、学习培训制度、资料管理制度、经费投入制度等，以文件形式发放给各子课题研究

学校和承担部门，确保现代学校制度建设研究纳入科研课题管理之中。按制度定期组织读书报告会、课题研讨会、课题分析会、课题研究分阶段汇报会等活动，及时检查课题研究过程和资料积累情况。

6. 确立好现代学校制度建设研究的条件保障

现代学校制度建设研究需要教育行政部门、各中小学校为研究优先提供人力、物力和财力。九龙坡区教委每年拨专款作为“西部区域基础教育现代学校制度建设的实践研究”的经费，主要用于课题研究的资料收集、动态印发、成果评审、培训交流、外出考察学习等。各学校应有专项经费确保课题研究过程中的培训、交流、研讨、成果评审与发表等方面的费用支出。

7. 评价推广好现代学校制度建设研究的成果

区教委、区教师进修学院要定期组织总课题与子课题研究成果的评奖活动，对在市级以上交流的研究成果，经驻区专家评审予以认可后，区教委要提供经费进行专项表彰与奖励。研究中要利用《今日教育》《教师发展》等杂志，宣传成功案例，树立先进典型，交流成功经验，推广研究成果。

## 第二节

# 建立现代学校与学生家庭、社区的新型关系

正确认识学校和社会的关系，构建和谐的学校与学生家庭、社区的互动机制是建立现代学校制度的基本保障。九龙坡区教委着力整体推进现代学校制度建设，强调处理多方关系，明确各方的责任和义务，启动实施“家长教育行动计划”，旨在通过家长委员会动员、组织、协调所有的家长，让家长充分参与学校管理，形成学校与学生家庭、社区有效互动的良好格局和机制。经过两年的研究，九龙坡区在学校、学生家庭、社区三方互动的制度体系建

设和运行机制建立上取得了明显成效。

## 一、形成学校、学生家庭、社区三方互动的制度体系

下面以谢家湾（金茂）小学的虹彩家长委员会制度体系以及人和小学的“和之家”家长委员会制度体系为例来介绍九龙坡区在学校、学生家庭、社区三方互动的制度建设方面取得的成果。

### （一）虹彩家长委员会制度体系

谢家湾（金茂）小学建立了虹彩家长委员会制度体系，确定家长委员会以“体验式活动”的方式来参与学校的民主管理、监督评价。彩虹，其形似桥，家长委员会就是连接家庭（社区）和学校的桥梁；彩虹，其色多彩，象征着多彩的人生，代表着多元的思想，家长委员会多方面地参与学校民主管理；虽然彩虹是多彩的，但每一种颜色又是鲜明的，代表着家长委员会是有个性的，是创造性开展工作的。因此，虹彩家长委员会制度之“虹彩”意味着连接、多元、个性。

谢家湾（金茂）小学的虹彩家长委员会制度体系主要包括组织制度、运行制度、激励制度三个方面，运行制度又包括选举制度、管理细则和评估制度，而管理细则又包括家长体验日制度、家长志愿队工作制度、家校联席会议制度、班级家长议事制度和培训制度。（见图 3－1）这个体系的构建主要是以“体验＋悟＝成功”的办学理念为指导，确定家长委员会以“体验式活动”的方式来参与学校的民主管理、监督评价。在相关制度的保障下，学校定期开展各种“体验日”活动，如“教学体验日”“午餐体验日”“护绿体验日”“安全体验日”“开学体验日”“巡考体验日”等。家长们以体验者的身份进入校园，参与到听课、评课、上课、分餐、收费、巡考等工作中，更深入地了解学校工作的特点，了解教师的工作，从而更好地参与学校的教育教学工作。

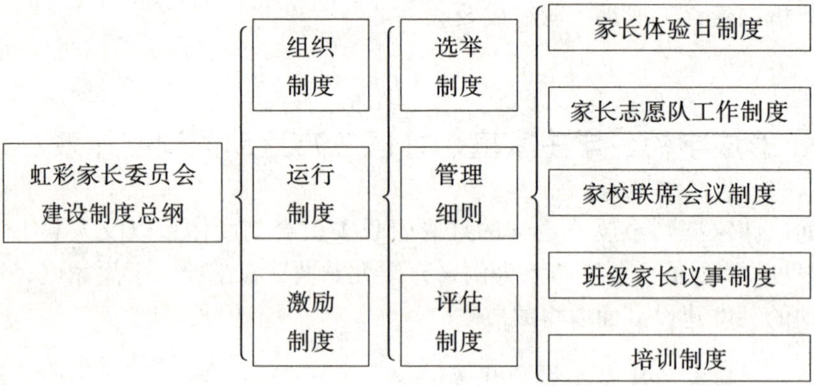


**图3－1 虹彩家长委员会制度体系**

（二）“和之家”家长委员会制度体系

人和小学建立了“和之家”家长委员会制度体系，倡导兼容并蓄，尊重学生学习的主体地位，注重学生良好行为习惯的培养，唤醒家长、社会参与学校管理的激情等，体现了学校教育和家庭教育的和谐统一。

“和之家”家长委员会制度建设的校本特色是“和”。“秉悠悠历史之精髓，立现代教育之创造”，悠久的历史铸造了立校之魂的人和精神，形成了校园“和”文化。“和”字不仅把中国几千年来的哲学思想、伦理观念、民族性情等文化传统浓缩成一个可感可知的符号，同时也传递出中华民族从古至今的人生观和世界观。“和”是教育真谛和规律的本质体现。学校践行的文化系统的兼容并蓄、尊重学生学习的主体地位、注重学生良好行为习惯的培养以及唤醒家长、社会参与学校管理的激情等，均体现了学校各层面的和谐统一。

人和小学“和之家”家长委员会制度体系是以“和”文化为底色，以学校的标志物“黄桷树”为载体，将家长委员会各个方面的制度体现其中。人和小学“和之家”家长委员会制度总体上分为和韵·家长委员会组织制度、和顺·家长委员会运行制度、和乐·家长委员会激励制度三个方面。其中，和顺·运行制度又具化为和洽·家长委员会议事制度、和灵·家长委员会参与学校教学管理制度、和美·家长委员会参与学校德育管理制度、和畅·家长委员会参与学校安全管理制度。人和小学通过“和之家”家长委员会制度的建设及其工作的开展，营造家校共育、“家和万事兴”的美好局面。（见图3－2）

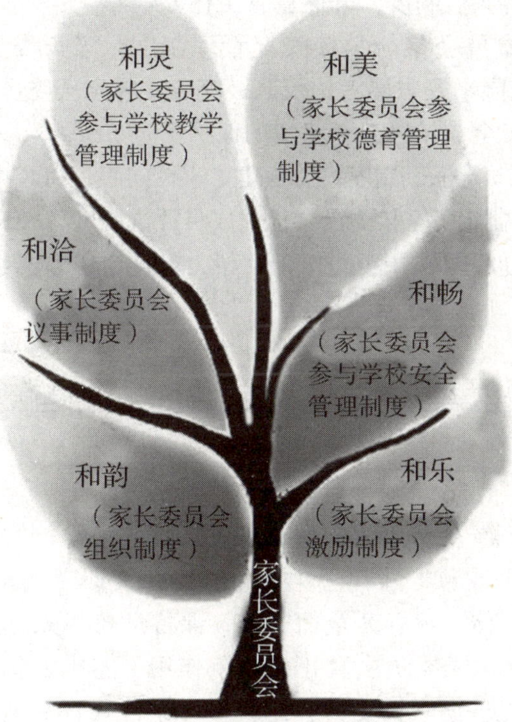


**图 3－2　人和小学“和之家”家长委员会制度体系**

和韵·家长委员会组织制度：家长委员会设学校、班级两级组织。校家长委员会由学校每班家长代表组成，设主任 1 名、副主任 2 名。班级家长委员会由 5 人组成。两级家长委员会之间的关系为领导与被领导关系。家长委员会成员一般由年级组长、班主任及家长代表协商产生，委员产生后，学校、班级两级家长委员会实行“一年一调整”制度。

和洽·家长委员会议事制度：学校重大事情由学校领导班子、教师代表、家长委员会成员开会商量决定（三方成员缺一不可）。会议一般一个月进行一次，特殊情况下由校长、书记随时召开。

和灵·家长委员会参与学校教学管理制度：每学期至少组织一次教育教学开放日活动，请家长听课、评课。每周三为校长接待群众来访日，由学校安排一名校级干部负责接待工作。家长评议教师的工作每学期进行一次，评议的时间范围为一个学期。每学期期末检测，各班邀请一名家长委员会成员参与督考；接受家长委员会对学校教学质量的验查。

和美·家长委员会参与学校德育管理制度：结合校园的“和”文化，志在培养品行美、心灵美的好少年，学校制定了家长委员会参与学校德育管理制度、爱心志愿者联盟制度，开展德育工作。

和畅·家长委员会参与学校安全管理制度：家长委员会选出和成立了“大黄帽”人和校园平安志愿者护校队，充分发挥家长委员会参与安全管理的作用，为学生的安全成长撑起了坚实的保护伞。

和乐·家长委员会激励制度：为营建“家校同心、和谐共育”这种其乐融融的良好氛围，学校制定了家长委员会优秀成员评选制度、家长同学会优秀家长评选制度，在家长中间开展“比、学、赶、帮、超”、推介优秀经验等各种活动。

## 二、探索出学校、学生家庭、社区三方互动的运行机制

### （一）完善了家长委员会

家长委员会积极参与学校的教育教学管理，为学校发展出谋划策，主动配合学校深化教学改革，强化学生素质教育，督促学校全面贯彻教育方针，促使学生德、智、体、美、劳全面发展，保持学校与家庭以及学生、老师和家长之间的联系，家长委员会真正发挥了作用，实现了“家校融合、共同育人”的目的。九龙坡把家长委员会建设作为家校共育的基础，重视对家长委员会的建设，大胆进行制度创新和更优的细节设计，不只建立传统的家长委员会，而是建立学校、年级和班级三级联动的家庭教育指导委员会，采用听证制、参与制、监督制等多种制度建设，调动、引导和鼓励广大家长直接参与到学校、年级和班级的管理中来。家长委员会从组织机构到功能定位都有了新的定义。

例如，人和小学成立了家长委员会常务理事会。校级家长委员会由全校各班学生家长代表组成，选举产生主任 1 名、副主任 2 名，下设多个工作组。家长委员会主任及各工作组组长为常务理事，常务理事会在每学年初建立，实行“一年一调整”制度。理事会经常列席学校各类会议，了解学校管理与发展，对涉及学校发展的重大工作决策、重大事项安排等重要问题进行研究。如：参与学校扩建工作中安全保障工作的组织实施，参与学校校服的采购监督，参与学校教育教学工作的评估检查等。谢家湾（金茂）小学家长委员会由校级家长委员会、班级家长委员会两级家长委员会组成。各级家长委员会由 5—7 人组成。家长委员会设主任 1 名、副主任 1 名、委员 3—5 名。家长委员会成员由班级家长会、家长代表大会根据《虹彩家长委员会选举办法》选

举产生，家长委员会实行“一年一调整”制度。班级家长委员会由校级家长委员会及班主任管理与协调，校级家长委员会由学校德育处管理与协调。

（二）成立家长学校，指导家庭教育

家长学校是以学生家长为服务对象，有计划、有组织、系统地向学生家长介绍现代教育理念，传授家庭教育知识，使其掌握家庭教育的基本原理、规律和方法，树立正确的家庭教育观念，提高自身素质和家庭教育水平的教育组织机构。它是学校教育、家庭教育和社会教育有效沟通的重要途径，更是学校开展家庭教育指导，实现家校教育同步的重要载体。它以提高家长的自身素质和家庭教育水平，提升家庭教育的自觉性、计划性和科学性为目标，使家长能自觉地运用家庭教育知识，有计划、有步骤地投入到家庭教育中去，并积极协助学校、社会教育工作，把孩子培养成为德、智、体、美、劳全面发展的社会主义事业建设者和接班人。九龙坡区在各学校甚至班级开办家长学校，宗旨是引导家长走出家庭教育的误区，提高家庭教育的质量，让家长和学校形成有效合力，引导学生健康成长。九龙坡区在“家长教育行动计划”中提出，每个学校必须建立家长学校。目前各学校在家长学校的指导内容和形式上都有了一些成型经验，对学生家长的培训做到了制度化、专业化、常态化、系统化、规范化。

制定家长学校管理、培训、咨询、交流等制度，保障家长学校的正常运行。如高新实验一小结合“为美好人生奠基”的办学理念制定了美的家长学校理事会章程，规定了理事会各成员的职责。理事长负责家长学校的全面领导和管理工作，保障家长学校各项经费的到位；副理事长主持家长学校的日常工作，制定家长学校发展的中长期规划以及组织课题研究；秘书长协助理事长和副理事长具体分管家长学校的管理工作，指导和监督家长学校各项工作的落实，具体负责家长学校培训、课题研究、家校联系、家长工作室、宣传教育改革的前沿信息等工作。红光中学的家长学校制度规定了家长培训时间、培训场地、培训师资、培训教材、培训考核等内容。

成立家长工作室，让家长当老师以亲身经验指导别的家长。如：高新实验一小成立了美的家长学校朱凤工作室，工作室由学生家长朱凤女士、徐平女士组成。朱凤女士是一名在家庭教育中拥有丰富经验的优秀家长，她担任联合国劳工组织开发的 SYB（Start Your Business）培训教程讲师，从事早期教育 15 年，她经常尝试用各种有趣的方法提升孩子的能力，改进孩子的不足，收到了很好的成效。她的教育方法还被《新家长报》报道和推广。

朱凤女士全面主持家长工作室工作，负责家长学校网站建设，负责接受有问题的家长的咨询并结合自身丰富的家庭教育经验帮助其解决问题。徐平女士负责家长学校活动的宣传、报道工作，负责收集家长、社会对学校及其家长学校、家长委员会工作的建议和评价，负责美的家长和优秀家长的评比工作。

开发校本教材，规范、拓展家长学校培训内容。红光中学开发出《重庆市红光中学家长学校培训材料》《学生学习方法指导》《共育　共成　共赢》3册校本教材。《重庆市红光中学家长学校培训材料》从建立家长学校的宗旨、培训家长的措施和方法、如何培养学生良好的习惯、怎样指导学生进行有效学习、怎样对待挫折克服困难、怎样给小孩进行心理辅导、怎样与小孩沟通、怎样帮助学生更好地度过生理期的困扰等方面对家长进行培训。《学生学习方法指导》主要是针对各年级、各学科的特点，对学生和家长进行的专业类指导。《共育　共成　共赢》是汇编的一本家庭教育案例集，分为探究摸索、共同成长、善于分析、积极鼓励、善于引导五大方面的家庭教育经验。高新实验一小开发了家长学校《课程活动设计》校本教材，该教材是一本辅导家长心灵成长、养育每个人的“小我”的图书。它在给家长提供指导的同时，也对孩子们进行引导，让他们正确认识自我、认识学习、认识情绪、认识伙伴……让他们知道我是谁、我在做什么、我的目标在哪里、我有什么好办法……教材共编写了12篇家长课程的指导方案、12篇学生课程的指导方案。

制定美的家长标准，引领家长提升自身。高新实验一小制定的《美的家长风采》分别从“美之言”“美之行”“美之导”三个方面对家长言行做出引导，丰富美的家长学校内涵，引领家长树立正确的教育观。正文如下。

**美的家长风采**

第一篇　美之言

（说者无心，听者有意。家长一言，影响百年）

言之有理，听之不逆，小孩不小，切莫小瞧。

言之有趣，听之不腻，啰唆重复，教育大忌。

言之有序，听之不迷，有效交流，减少代沟。

言之有诚，言出必行，恶言脏语，诸邪不侵。

言之有礼，宽容克制，孩子在场，切莫争执。

第二篇　美之行

（言行合一，行为示范。家长一行，尊重在心）

行之有规，孩子有矩，宽严得当，懂得收放。

行之有德，孩子有礼，家校沟通，有礼有节。

行之有趣，尊重童心，奇思妙想，尊重创新。

行之有效，孩子有范，言传身教，教育趁早。

### 第三篇　美之导

（教导有方，因势利导。教育无痕，润物无声）

导之有法，善评善夸，堵不如疏，帮扶有度。

导之有序，循序渐进，坚持不懈，善于等待。

导之无痕，善激善励，善于发现，抓住时机。

导之无欲，顺势而驱，教育一事，最怕功利。

（三）成立了义工、志愿者组织，促进学校、学生家庭、社区互动育人

为了使学校、学生家庭、社区沟通经常化，各学校成立了义工、志愿者相关组织，充分利用社区、家庭资源增强学校教育力量。如铁路小学成立了“动车组”义工协会，下设家长义工委员会和教师义工委员会。家长义工委员会根据学校发展、学生需要，组织家长义工参与各项教育教学活动。如利用寒暑假，带领学生一起参加图书馆志愿服务工作；协助完成运动会、元旦、儿童节等文艺展演的裁判、摄像、解说、会场布置、化妆、引导等工作；参与学生社团活动，担任学校足球队和羽毛球队的助教。此外，做医生的家长为学生上生理课和健康饮食课，做安全管理工作的家长给学生上安全课，讲安全故事。教师义工委员会组织教师及学生参与“黄桷义工、冬日暖阳”献爱心活动，组织“爱心天使队”和“雷锋中队”的学生进社区关爱孤寡老人、义务打扫社区卫生、进行安全宣传、开展与农民工子女“手拉手”结对活动。

铝城小学建立了社区“快乐四心”服务员队伍。退休教师（主体）、社会有才之士、社区热心人士组成社区“快乐四心”（“联心”“润心”“暖心”“慧心”）服务员队伍，由学校民主管理委员会统一管理。退休教师既了解学校的各项工作，又了解学生的心事，还知道家长的需求，了解社会对学校的要求，他们是学校、家庭、社区三者之间绝佳的联系纽带，是最适合的社区“快乐四心”服务员。

“快乐联心”服务员——参与学校发展重大决策的讨论，共同促进学校发展。班级“联心”服务员协助班主任做好班级各项工作，为班级管理出谋划策并进行必要的监督。

“快乐润心”服务员——主要的工作方式是与学生进行面对面的沟通交流。每周至少要与辖区内的一名学生做近况交流，形成过程资料，同时针对学生提出或存在的实际问题制订出解决计划；在校内进行工作经验交流，交换心得，借鉴成功做法，分析典型案例，形成案例集；每月至少要与辖区内的一名学生家长进行沟通，了解学生在家状况、心理情况，形成过程资料，并运用行动研究法解决实际问题，整理汇编成个性化的学生成长手记。注意保留影像资料，形成文字过程资料，要提出与家长和学生沟通的有效途径或

方法，并对沟通前后的效果进行数据分析。

“快乐暖心”服务员——在班级中通过摸底调查，发现需要关心的弱势群体家庭，与西南铝团委、西彭镇团委联合开展关爱活动，联系社区、街道办事处、部队、法院、派出所等社会力量，与弱势群体家庭结成帮扶对子，对弱势群体家庭的孩子在思想上积极引导、学习上耐心辅导、生活上全力帮助，增进家长对学校的信任，形成社会、学校、家庭合力共育的愿景。

“快乐慧心”服务员——有一技之长，走进课堂，担任校外辅导员，结合自己的生活经验或个人专长，从学生周围熟悉的人和事中寻找和发现教育的素材，让学生在学习中增进生活知识，理解生活的真谛。

### （四）构建网络平台，使学校、学生家庭、社会合力共育、无缝链接

随着网络在工作、生活中的广泛应用，无处不在、无时不有的网络逐渐成为拉近家庭与学校关系的主要工具。学校建立了班级家长 QQ 群、微信公众号、家校通、学校邮箱等沟通途径，充分发挥家长的参与功能、配合功能、督促功能、沟通功能，通过上传家庭教育经验文章、分享家庭教育心得、交流学生教育方法、公示学校重大事项或活动、分享活动心得等方式，培训家长、温馨建议、平等沟通，建立起友好、和谐的学校、学生家庭、社区三方互动关系。

针对父母外出务工的家庭，学校创办了网络家长学校，利用节假日召开网络会议，创立家长办公室，每月定期让家长、学生、老师进行视频交流，并通过校讯通给家长发送家庭教育知识及孩子的在校情况。这一举措有效地解决了长年在外务工家长无法学习家庭教育知识的问题。

## 第三节

# 建立现代学校内部治理制度

治理作为一种新型的管理理念与实践方式，有助于推动学校组织变革，

促进学校和课堂逐渐发展成为民主的公共空间，从而在潜移默化中传递公民价值观。

## 一、治理与学校治理的基本理论

“治理”一词来源于拉丁文和古希腊语，原意是控制、引导和操纵。长期以来，它与“统治”一词交叉使用。治理理论的开创者之一罗西瑙把“治理”与“统治”视为截然不同的管理活动，认为“治理是由共同目标支持的管理活动，它并不依赖于自上而下的权力统治，而是依靠多元主体的共同治理与权力分享”①。因此，治理所倡导的是一种平等的公民身份关系，它支持公民主体分享治理的权力。“治理”意味着协商、合作和共治，它是一种更加民主、温和的管理模式。在现代学校组织中，随着民主价值观的发展以及学生公民意识的增强，控制型的学校组织管理模式已经无法满足学校组织变革的需要，教师与学生之间的控制者与被控制者的交往关系也越来越显得不合时宜。

学校治理是由于学校的所有权与经营权的分离而产生的，政府作为给学校提供资源的委托人，不应也不会下放所有的权力给代理人，它必须通过一些机构或者代表来参与、监督学校的治理，而学校的管理层作为代理人在具体操作的过程中会与委托人发生信息不对等、利益相冲突的委托代理问题，这就需要明确权、责、利划分的制度体系，明确由谁来行使何种权力，考虑的是学校的制度安排、监督机制、决策层的设置等问题，主要涉及学校的宏观决策和长远规划。

学校治理创新的核心就是建立现代学校制度。依法办学、自主管理、民主监督、社会参与，现代学校制度的这些基本特征要求，一要理清学校与行政、社会的关系，重在明确学校的办学自主权，为学校行使教育权创造良好的政策环境和社会环境；二要处理好学校的内部关系，制定完善的章程和制度，重在保障教师的专业自主权和学生的健康快乐成长，形成学校内部的民主风气。所以，现代学校制度是对家长和社会、教师和学生对学校管理的知晓和监督、参与和表达的积极回应，是保护和激发校长、教师从事教育改革与实践的积极性、创造性的有效途径，也是践行以人为本的管理理念、实现依法治校、构建和谐校园的必然要求。

---

① 叶飞．“治理”视域下的学校公民教育［J］．教育学报，2013（6）：52－57.

## 二、学校章程建设研究

学校章程是学校成为独立法人组织的必备要件，是学校实现自主管理、自主发展及政府监督管理的基本依据，更是学校依法办学的重要保障，它是学校统领全局的文件，是学校的基本法。《中华人民共和国教育法》第二十六条规定，“设立学校及其他教育机构，必须具备下列基本条件：①有组织机构和章程；②有合格的教师；③有符合规定标准的教学场所及设施、设备等；④有必备的办学资金和稳定的经费来源”。学校章程使学校运行机制改革有了保障，使学校各项制度更加健全，是完善和规范学校其他各方面规章制度的有力依据。

九龙坡实验区高度重视学校章程建设，规定 2015 年年底各中小学校实现“一校一章程”。为此，“西部区域基础教育现代学校制度建设的实践研究”总课题组确定重庆市高新育才学校、重庆市渝西中学和重庆市九龙坡职业教育中心为子课题承担学校，开展学校章程的实践研究。这些学校先行先试，为推进全区中小学校章程建设提供前期经验。在此，以重庆市九龙坡职业教育中心为例来呈现课题组的研究成果。

重庆市九龙坡职业教育中心创建于 1948 年，是国家示范中职学校建设单位。学校坚持以“德技双全、身心两健、自立自强、敬业进取”为培养宗旨，积极打造“三自主”德育特色品牌，培养“综合素质高、专业技能强”的技能人才。近年来，学校推进内涵发展，各项事业不断取得新突破，社会影响力明显增强，辐射示范作用日益凸显。学校将借国家示范中职学校建设之机，不断改进内部管理，加强专业建设，提高教师综合素质，走现代学校内涵发展之路。2013 年 12 月至 2015 年 6 月，学校开展了中职学校章程建设的实践研究，课题组综合运用文献研究法、行动研究法、调查法和经验总结法，结合本校实际，系统探讨了中职学校章程的性质与定位、内容与结构、章程制定程序等问题，形成了一系列富有实践价值的研究成果。

1. 理清了学校章程的性质和地位

第一，理清了学校章程与上位法的关系。国家法律法规授权中职学校行使办学自主权，其办学自主权的取得必须以国家法律法规作为依据，而且只能在授权范围内行使相应的管理权限。因此，中职学校章程属于国家法律法规之下的规范。章程中关于教育行政法律关系双方权利的享有、义务的履行的内容不能违背《中华人民共和国职业教育法》《中华人民共和国教育法》

等行政法律，必须以它们为基本依据。同时，学校章程的制定要遵守我国教育行政法规和地方教育法规的相关内容。因此，学校章程需根据相关的教育法律法规制定，而且要符合学校的实际情况。

第二，理清了学校章程与学校一般规章制度的关系。学校章程是学校的基本法，是学校规章制度的“母法”。在学校的制度体系中，中职学校章程的主要内容要反映学校最重要、最基本的问题，如学校的历史传统文化和未来的发展使命、学校教职员工的权利和义务、学生的权利和义务、学校的财务和经费管理、学校的组织机构和管理机制、学校章程修改的原则和程序等。而学校规章制度则是由学校各具体管理部门、职能机构为实现章程的规定而制定的管理细则或条例，为落实学校章程而制定的具体的规范，往往只规定中职学校的某一具体的问题或特定的某一方面的问题，如对课堂教学管理问题、校园安全管理问题等进行规范。在中职学校规章制度体系中，学校章程作为学校的纲领性文件，与学校其他规章制度的关系是一种“母法”与“子法”的关系。

2. 探明了中职学校章程的内容和结构

第一，明确了中职学校章程应包含的内容。根据国家有关规定及学校章程的性质、地位，参照《中等职业学校设置标准》的规定以及借鉴国外学校章程的经验，课题组通过研究发现，中职学校章程应包括以下基本内容：学校的名称、校址、性质、隶属关系；学校的办学宗旨、办学理念、办学规模和学校的发展目标、培养目标；学校内部的管理体制及运行机制；学校的课程与教学；学校教职工和学生的权利与义务；学校财产和财务管理；学校与家庭、企业的关系；学校文化标识及章程的修改程序等。

第二，构建出中职学校章程的基本结构。按照文本范例，中职学校章程通常包括总则、分则、附则三个组成部分。总则是整个章程中的统领内容，需要把整个章程中的纲领和事关章程全局的内容集中在总则中加以规定，如章程制定的目的和依据、校名、校址、学校的性质及隶属关系、办学目标、培养目标、办学规模和校训、校徽、校歌等。

分则与总则相对应，是学校章程整体中的实体性内容，涉及学校的内部管理体制、教育教学、教职工、学生、经费的管理与使用、总务后勤、卫生保健及安全工作等方面。起草分则要注意内容全面、合理，避免分则内容与总则内容相抵触以及分则内容之间重复、矛盾。分则章数的多少由具体内容而定，各章彼此独立。要根据内容，自上而下、由内到外、先主后次地安排各章的顺序。学校章程一般不在其分则内容前标明“分则”标题。

学校章程的附则是指学校章程整体中，作为总则和分则辅助性内容而存在的一个组成部分。附则通常作为章程的最后一章，在其内容前标有“附则”字样。附则的内容一般有：关于需要在附则中规定的特色内容；关于学校章程解释授权规定；关于制定规章制度的授权规定；关于章程修订问题的规定等。此部分要求简明清晰，字数不需要太多。

3. 探索出民主化的章程制定程序

中职学校章程的制定程序通常要经过起草、征求意见、审议、通过、核准、公布六个阶段。基本步骤如下：组成专门的起草小组—起草小组进行调研—专家指导学习—起草章程草案—教职工意见征求—整理问题，专家引领—章程修订—教职工代表大会讨论—校决策机构审议、表决，形成定稿—教职工代表大会讨论、通过—学校的主管教育行政部门核准—公布。（见图3－3）章程制定的参与者包括党委会、起草小组、教职工代表大会、校长、教育行政部门。

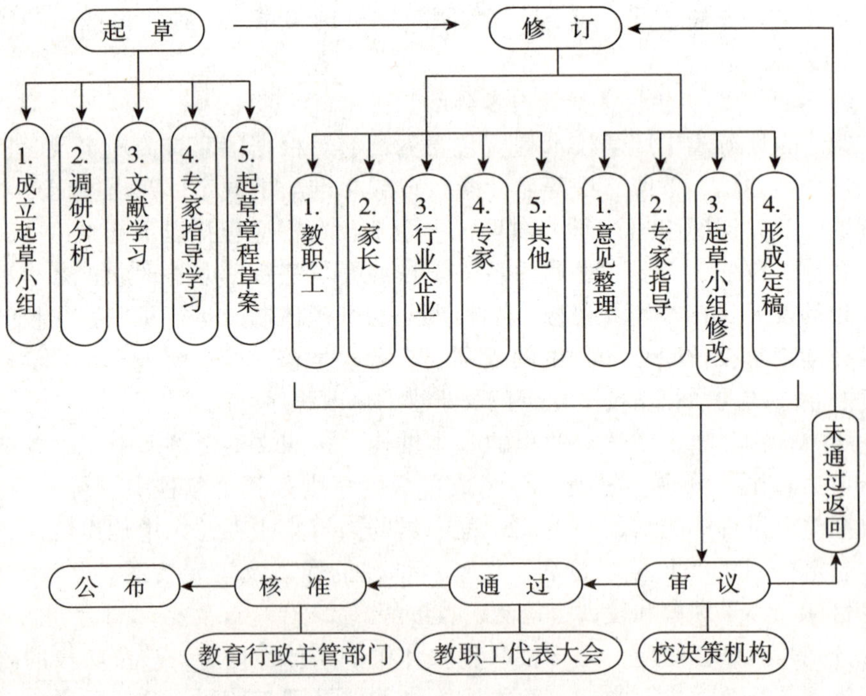


**图3－3　中职学校章程制定流程图**

## 三、中小学民主议事会建设研究

构建良好教育生态是学校发展的一个重大命题，需要用大视野看待学生、学校的发展，整合学校、家庭、社区的智慧，树立资源共享的意识，而民主管理是教育生态中不可缺少的重要一环。基于此，总课题组确定重庆外国语学校、森林小学和白市驿一中为子课题学校，开展教育议事会的实验研究。

### （一）教育议事会的萌生

伴随着社会的发展，无论是家长还是学生，他们的维权意识、法制意识、参与意识在不断增强，对学校的教育教学行为的期望也越来越高，对学校事务、学校活动的关注度也越来越高，总课题组也在思考一种新的教育制度与载体，整合学校、家庭、社区的智慧，柔化其中的矛盾与问题，促进问题的解决，协调三者之间的关系。于是在借鉴国内外研究的基础上，总课题组决定因地制宜，通过建立教育议事会制度，促进学校、家庭、社区三者互动，探索西部区域现代学校民主管理的新模式。

### （二）教育议事会的定位与内涵

教育议事会是一种在不改变学校现有的办学制度、不干涉校长办学自主权的前提下，建立起的由学校、家庭、社区代表构成的互动组织，负责对学校办学重大事务进行审议、协调、监督。

1. 教育议事会的构成

教育议事会由学校管理者、教师代表、家长代表、学生代表、社区代表、专家组成，人数为15人——学校管理者3人，校长成为必须代表；教师代表2人，在由教师选举出来的教职工代表大会成员中产生，工会主席成为必须代表；家长6人，在每个年级的班级家长委员会中推荐产生；学生2人，由选举出的大队委代表担任；社区干部1人，由社区推荐；专家顾问1人，根据学校实际情况聘请相关领域专家和社会知名人士。

在教育议事会成员中，学校管理者需要有全局意识，能够全方位了解学校的工作且有自己的思考；教师代表要热爱教育事业、工作经验丰富，有帮助学校发展的公心，全面了解学校工作，组织能力较强；家长代表有参与的意愿和时间，愿意为学校的发展出力，热心、积极参与学校的活动，并为学校开展的一些工作提供力所能及的支持，有一定的组织能力；学生代表在本校学生干部中推荐产生；社区代表为社区联系学校相关工作的负责人；专家顾问则为学校议事会如何构建、运作等做出顶层设计并进行跟踪调研，让学校议事会科学合理地进行。

教育议事会设主席 1 名，经过议事会成员讨论，最后确定主席由校长担任；秘书长 1 名，由家长担任。教育议事会下设提案组、活动策划组、组织协调组，每个组都有教师、家长的参与，发挥沟通协调、建议参谋、监督评价、资源整合的功能。

2. 教育议事会的权利

①议事会享有知情权，听取学校负责人关于学校工作的计划、总结等。

②议事会享有参与权，包括议案权、提案权，对学校的工作思路、发展目标和其他重大事项提出建议。

③议事会享有监督权，对学校的工作思路、发展目标和其他重大事项进行监督。

④议事会享有协调权，对学校活动的开展等进行多方面的资源协调。

3. 教育议事会的义务

①积极参与学校发展规划的制定和实施，为学校发展提供咨询和建议。

②整合资源，吸引更多的社会力量支持学校的事业发展。

③认真听取各班家长委员会的意见、建议并及时向校方反馈，提出合理的整改措施。

④共同解决学校发展中的问题。

### （三）教育议事会的运行机制

要保证教育议事会的生命力，就需要学校为其提供强有力的保障，建立运行的长效机制，让各方面的工作都能落地生根。要保证教育议事会的顺利运行，首先要让全体教职工达成共识，让大家在推荐议事会代表、完成提案等方面形成统一的思想。其次要通过制度组织联络好各主体成员，发挥其能动性，规划、优化组织的职能。教育议事会特别制定了议事制度、例会制度、沙龙制度、物质保障制度等。

1. 议事制度

议案至少由议事会成员 1 人提出。议案一定要避免片面和偏激，符合法律规章制度要求，由提案组进行审核，形成书面的议案，递交议事会成员大会讨论，得到议事会 2/3 以上成员表决同意，形成提案，再进行投票表决形成决议。决议通过后，相关议事成员负责执行、监督、反馈。

2. 例会制度

为保证教育议事会各部门工作的部署和执行，发挥议事会成员的积极性和主动性，使教育议事会规范化，各学校确定在开学第一周、期中、期末召开例会。

3. 沙龙制度

由教育议事会负责人组织相关家长、学生开展关于学生发展、学校发展、家庭教育方面的茶话会，家长自愿参加。

4. 物质保障制度

由于教育议事会属于一个民间组织，学校应给予其经济上的支持，逐步设立专项经费；同时在场地方面提供支持，争取设立专门的办公场所。

（四）教育议事会的成效

教育议事会的建立，缓和、调解了家庭、社区、学校之间的矛盾和冲突，促使家庭、社区、学校的教育目标和教育理念趋同，从而实现建设和谐的教育新环境的目标。

1. 教育议事会促进了学校科学管理

教育议事会是学校向社会开放的窗口和交流平台。通过教育议事会，议事会成员共同商定学校的改革大计，审议学校的工作方案、工作总结及一些涉及学生的重大事项等。教育议事会创建了“小校长”制度，“小校长”作为教育议事会成员代表学生参与到学校管理中，收集同学们关于学校发展的建议和意见。教育议事会让学校零距离触摸到家长、学生所想，为办人民满意的教育提供了更好的途径。

2. 教育议事会利用优势资源为学校解决难题

春游秋游活动、校外实践课程一直让学校管理者感到头疼。学生盼着校外实践活动，但是由于安全责任重大，学校陷入两难境地。学校在这个问题上充分发挥教育议事会的职能，让教育议事会成员发动家长委员会成员共同完成实践活动的组织工作。

3. 教育议事会更新了教师对家长资源的观念

教育议事会使得家长作为一种重要的教育资源被引入学校管理中，也让每位教师认识到家长不是教育中的独立者或者对立者，家长不同的职业背景、成功的家庭教育经验、鲜明的个性特征都是重要的教育资源。教师观念的转变激发了家长参与班级发展的热情，促使家长发挥职业优势，积极主动地参与教学过程。一方面，家长会给教师以启发、灵感；另一方面，家长可以运用各自的专业知识和技能拓宽学生的视野，丰富学生的社会生活经验，提高学生的社会交往能力。

4. 教育议事会运用成员力量提高了教师的教学水平

课堂是学校教育的主阵地。建设现代学校制度、促进学校民主管理的主要目标就是提升学校的教育教学质量，提高教师的教学水平，满足不同层次学生的学习需要。因此，学校将提升学校的教育教学质量作为教育议事会的主要工作。例如，某学校的教育议事会动员全校家长参与学校开放周活动，并就品质课堂六元素组织与会人员进行深入研讨。活动中，这所学校的17位骨干教师以学生发展为主题，提出要充分发挥学生在课堂学习中的自主性，积极引导学生开展探究性学习的建议。本次活动，学校教育议事会成员全部到场，学生家长不但到课率高，而且始终充满热情，家长们感谢学校为学生发展所付出的心血，同时也为课堂教学提出了宝贵的建议。

5. 教育议事会借助优质资源开展工作，提高了学生素质

某学校教育议事会策划了“家长亮亮堂”活动，旨在吸纳更多的优质资源帮助学生健康成长。在第一次“家长亮亮堂”活动中，三位代表祖国远赴非洲抗击埃博拉病毒的中国人民解放军医疗队队员，也是这所学校三位学生的母亲，与学生们分享了她们的“抗埃”经历，给学生们上了一堂宝贵、感人的生命课。这所学校目前形成了“家长亮亮堂”活动的资源库。另一所学校的教育议事会则策划开展了“开学第一课，我当小老师”的主题活动。学生站在讲台上与同学们分享他的假期见闻、旅游经历等。每位授课的“小老师”都精心准备了教案和PPT，编排了精彩的授课内容。他们有模有样地提问，甚至还将班主任安排为“助理”。在课程设计中，他们还加入了互动环节，对答对问题的同学发放小奖品，鼓励其他同学积极参与。

## 四、中小学学术委员会建设研究

为了完善学校内部治理结构，规范和加强中小学科研工作，提高教育科研服务教育教学的实践效果，保障科学研究在教学、科研等学术事务中有效发挥作用，九龙坡实验区启动了中小学学术委员会建设研究，制定了《九龙坡区中小学校学术委员会规程》（以下简称《规程》），要求各中小学校参照规程建立和完善学术委员会。

### （一）中小学学术委员会的组成

按照《规程》，学术委员会一般由学校不同学科且具有中级及以上专业技

术资格的骨干教师、名特教师、研究员等组成，并设有一定比例的青年教师。学术委员会人数原则上为5—11人，而且是不低于5人的单数。其中担任学校党政领导职务的委员不得超过委员总人数的1/3。学校可以根据需要聘请校外专家担任特邀委员。学术委员会委员应当具备以下条件：①遵纪守法，热衷教育，学风端正，治学严谨，公道正派；②学术水平高，在本学科或者专业领域具有良好的学术声誉和公认的学术成果；③关心学校建设和发展，有参与学术议事的意愿和能力，能够正常履行职责。

学校通过自下而上的民主推荐、公开公正的遴选等方式产生候选人，由民主选举等程序确定学术委员会委员人选，充分尊重广大教师的意见。特邀委员由校长、学术委员会主任委员或者1/3以上学术委员会委员提名，经学术委员会同意后确定。学术委员会委员由校长聘任。学术委员会委员实行任期制，任期一般为3年。

在组织架构上，学术委员会设主任委员1名、副主任委员1名。主任委员可由校长提名，全体委员选举产生；也可以采取直接由全体委员选举等方式产生，具体办法由学校决定。学术委员会设立秘书处，处理学术委员会的日常事务。

### （二）中小学学术委员会的职责权限

#### 1. 学术委员会具有的职责

①制定与学校学术事务相关的具有全局性的发展规划和发展战略。

②审议或决定学校学科建设、课程体系建设、校级课题立项、教师队伍建设规划，以及科学研究、对外学术交流合作等学术规划。

③审议或决定学校教学科研成果、人才培养质量的评价标准及考核办法。

④审议或决定学校教师职务聘任的学术标准与办法。

⑤评定学校教学、科研成果和奖励，对外推荐教学和科研成果公开发表、出版、评奖等。

⑥推荐参加各级教育学术组织的人选、教师培养计划人选等。

⑦受理有关学术不端行为的举报并进行调查，处理学术纠纷。

⑧学校章程或学术委员会章程规定的其他职责。

#### 2. 学术委员会委员享有的权利

①知悉与学术事务相关的学校各项管理制度、信息等。

②就学术事务向学校提出咨询或质询。

③在学术委员会会议中自由、独立地发表意见，讨论、审议和表决各项决议。

④对学校学术事务及学术委员会工作提出建议、实施监督。

⑤学校章程或者学术委员会章程规定的其他权利。特邀委员根据学校的规定，享有相应权利。

3. 学术委员会委员须履行的义务

①遵守国家宪法、法律和法规，遵守学术规范，恪守学术道德。

②遵守学术委员会章程，坚守学术专业判断，公正履行职责。

③勤勉尽职，积极参加学术委员会会议及有关活动。

④收集一线教师关于学科专业、科研等学术事务相关意见和建议。

⑤为学校关于学术相关事务提出咨询意见。

⑥学校章程或者学术委员会章程规定的其他义务。

### （三）中小学学术委员会的运行制度

中小学学术委员会建立例会制度、学年报告制度、议事制度、保障制度等来保证该委员会的日常运行。

1. 例会制度

学术委员会每学年至少召开两次全体会议。根据工作需要，经学术委员会主任委员、校长或者1/3以上委员联名提议，可以临时召开学术委员会全体会议，商讨、决定相关事项。

2. 学年报告制度

学术委员会每学年对学校整体的学术水平、学科教学、人才培养、科研成果等进行全面分析和评价，提出意见和建议，并对学术委员会的运行及履行职责情况进行总结。学术委员会年度报告应提交教职工代表大会审议，有关意见、建议的采纳情况，校长应当做出说明。

3. 议事制度

学术委员会主任委员负责召集和主持学术委员会会议，必要时可以委托副主任委员召集和主持会议。学术委员会委员全体会议应有2/3以上委员出席方可举行。学术委员会全体会议应当提前确定议题并通知与会委员。

学术委员会议事决策实行少数服从多数的原则，重大事项应当以与会委员的2/3以上同意，方可通过。学术委员会会议审议决定或者评定的事项，一般应当以无记名投票方式做出决定；也可以根据事项性质，采取实名投票方式。投票结果当场公布。学术委员会审议或者评定的事项与委员本人及其配偶和直系亲属有关，或者具有利益关联的，相关委员应当回避。

学术委员会会议可以根据议题设立旁听席，允许学校相关职能部门、教师代表列席旁听。学术委员会做出的决定应当予以公示，并设置异议期。在异议期内如有异议，经 1/3 以上委员同意，可召开全体会议复议。复议决定为终局结论。

4. 保障制度

一是中小学校应当按程序选聘配齐学术委员会委员，学术委员会的运行经费纳入学校预算安排，学校应为学术委员会开展工作提供必要的办公场所和条件。

二是中小学校应建立保障学术委员会正常运转的机制，不断扩大学术委员对学校办学活动和管理行为的知情权、参与权和监督权。

三是区教委每学年将中小学校学术委员会的运行情况纳入对学校办学水平的督导考核。

## 五、学生参与学校民主管理的制度建设研究

要充分调动学生参与学校管理的积极性，就需要尊重学生的民主权利。学生的民主权利是多方面的，包括知情权、参与权、建议权、评价权及选举权与被选举权。九龙坡区依托国家级课题“西部区域基础教育现代学校制度建设的实践研究”，倡导各中小学主要从以下途径保证学生参与学校民主管理。

### （一）建立完备的保障制度

建立学生代表参与校长办公会（校务委员会）制度，维护学生的参与权；建立学生听证制度，保障学生的知情权；建立学生申诉制度，保障学生的申诉权；健全学生代表大会制度，真正落实学生代表提案征集和反馈工作。

### （二）营造参与氛围

大力宣传和营造学生参与学校民主管理的氛围，为学生参与学校民主管理搭建制度外的平台；与学生事务相关的学校规章制度的制定和实施，要得到绝大多数学生的认可；在校园里营造人人参与学校民主管理的氛围。

### （三）建立和完善沟通渠道

使学生组织、学生代表在一定渠道内畅通地反映广大学生的意愿，代表广大学生的利益；建立并完善从校长、书记到各相关职能部门处负责人与学生的沟通渠道，使学生的意见建议得到快速响应并寻求到合理的解决办法。

（四）发挥共青团组织的作用

学校各级共青团组织在服务青年、维护青年权益方面发挥着不可替代的重要作用，也是学校相关部门与学生之间信息通畅的桥梁部门，因此，共青团组织在学生参与学校民主管理中必须有所作为。

（五）充分发挥学生代表委员会的重要作用

为进一步体现学校“以学生为中心，时时维护学生权利”的宗旨，学生代表委员会的代表有权参与学校的重大决策、日常管理、制度制定，负责相关申诉，负责收集和处理各年级学生对学校管理的意见和建议，起到“上情下达，下情上报”的作用，增强学校与学生、学生与教师的凝聚力。

# 第四节
# 建立现代学校文化制度

学校文化制度在学校整体制度的大体系中，扮演着极其重要的角色。好的学校文化制度，不仅是学校办学的有力保证，也是学校可持续发展的坚实基础。

## 一、中小学文化制度建设的基本原则

北京十一学校原校长李金初给学校文化所下的定义是：“学校文化是社会文化的有机组成部分，它以学校群体成员为主体，是他们在教育教学和管理实践中逐渐共同创造生成的体现时代特征和社会进步的价值观念、思维方式、行为规范及其活动结果。学校文化以具有学校特色的精神形式、制度形式和物质形态为外部表现，并影响和制约着学校群体成员的活动方式、精神面貌与文化素养。"① 我们基本赞成他对学校文化的表述。

学校文化制度，是学校文化建设过程中所涉及的方方面面制度的综合。我们一定要在深刻认识和理解学校文化制度的基础上，遵循以下基本原则，切实抓好学校文化制度建设。

一是育人为本的原则。《国家中长期教育改革和发展规划纲要（2010—2020年）》指出，要把"育人为本作为教育工作的根本要求"，把"促进学生健康成长作为学校一切工作的出发点和落脚点"，"为每一位学生提供适合的教育"……这一切，都为学校文化制度的生成和执行提出了新的要求——不是简单地用制度"规范"师生，而是以师生对文化制度的认同、理解为前提，以师生的自觉、自愿为基础，以师生与文化制度的相互建构为目标，生成有利于师生健康成长的学校文化制度。学校在推进文化制度建设时，一定要树立以人为本的理念，重视对师生参与学校文化建设的意识的培养，努力畅通民主管理渠道，为师生参与学校文化建设搭建平台，创造出宽松、和谐、相互尊重、关注每一位师生成长与发展的学校文化氛围。

二是整体系统的原则。学校文化建设是一个完整、复杂的系统工程。中小学校要以学校办学理念为核心，推动学校精神文化、行为文化、形象文化的建设，从而全方位提升学校管理内涵，促进学校管理水平和教育教学质量的全面提高。学校文化制度建设涵盖学校工作的方方面面，是一项系统工程，每一层面的变革，都可能牵一发而动全身，甚至引发其他层面的变动。因此，学校在进行文化制度建设时，一定要在统筹全局、系统谋划方面下大力气。

三是全员民主的原则。学校文化建设，不仅是学校校长、领导班子的事，更是全体教职工、学生，甚至是学生家长、当地社区人员的共同责任。学校要动员所有教职工、学生甚至部分家长参与到学校文化制度的建设中来，共同搞好学校文化制度建设。民主是推进科学决策、实现有效管理的重要手段，只有坚持民主、开放，才能吸纳更多经验，集中更多智慧，从而整合、制定出更为有效的学校文化制度。学校在推进文化制度建设时，一定要做到对外开放，积极借鉴其他学校在文化制度建设上的先进经验，广泛听取采纳家长和社会各界的意见和建议；对内民主，打通渠道，搭建平台，鼓励师生积极参与学校文化建设，让他们从学校文化制度的执行者变为制度的设计者和参与者，确保制定出的学校文化制度能够反映师生的真实意愿，进而转化成师

① 李金初，牛玉发．讨论现代学校文化建设［J］．中国教育学刊，2003（7）：6–10.

生的自觉行为。

四是个性创新的原则。学校文化建设要深入挖掘校本文化，积极探索特色发展，打造一校一特点的学校文化，在传承学校历史文化、体现时代精神特征的同时，要彰显学校办学核心理念，突出学校个性特色。因此，学校文化制度建设要准确定位，因地制宜，着眼未来，体现创新。学校文化制度建设要立足学校实际，充分发挥现有资源优势，在整合利用的基础上有针对性地进行创造性建设。

五是与时俱进的原则。任何事物的发展，都是一个不断变化、完善的过程，学校文化制度建设也不例外。在学校文化制度的继承、改良和创新过程中，一定要考虑到当前和今后一段时期的长远发展需要，考虑到学校、学生、家长和社会的发展需要，特别是学生的长远发展需要，做到与时俱进、不断完善、适时改进。

六是合法合理的原则。该原则强调的是制度本身的合法性与合理性。学校文化制度的合法性：一是指学校文化制度的内容不能与现行法律相冲突；二是指学校文化制度的生成要具备正当性，必须经过合法的程序。从这个意义上说，合法性必须建立在民主的基础上。一切专制的规定和做法，都不可能赋予学校制度以合法性，而不具有合法性的制度，必定会遭到学校成员的质疑、抵触和挑战，执行起来也会事倍功半、难度增大。学校文化制度的合理性主要表现为学校文化制度既要合乎基本的人性，带有人情味，又要合乎教育发展规律，利于实施和运行。

## 二、中小学文化制度的代表——学校文化战略纲要

优秀的学校文化战略是现代学校谋生存、求发展的基本要素。学校文化战略管理是学校文化建设的一部分，是学校统一的管理体系的一部分。学校管理的最高境界是文化管理。

学校文化战略纲要的核心部分包括精神文化、行为文化、形象文化，又被称为精神力子系统、执行力子系统、形象力子系统。精神力子系统是学校文化大体系的基础，执行力子系统是学校文化建设的重点和核心，形象力子系统是精神力子系统、执行力子系统在视觉符号、听觉符号上的反映。学校文化战略纲要的基本构成见图 3－4。

学校文化系统由以该纲要为核心的涉及教育教学和管理经营等多个战略工程的内容组成。可以说，学校文化战略纲要是学校文化制度的典型代表。

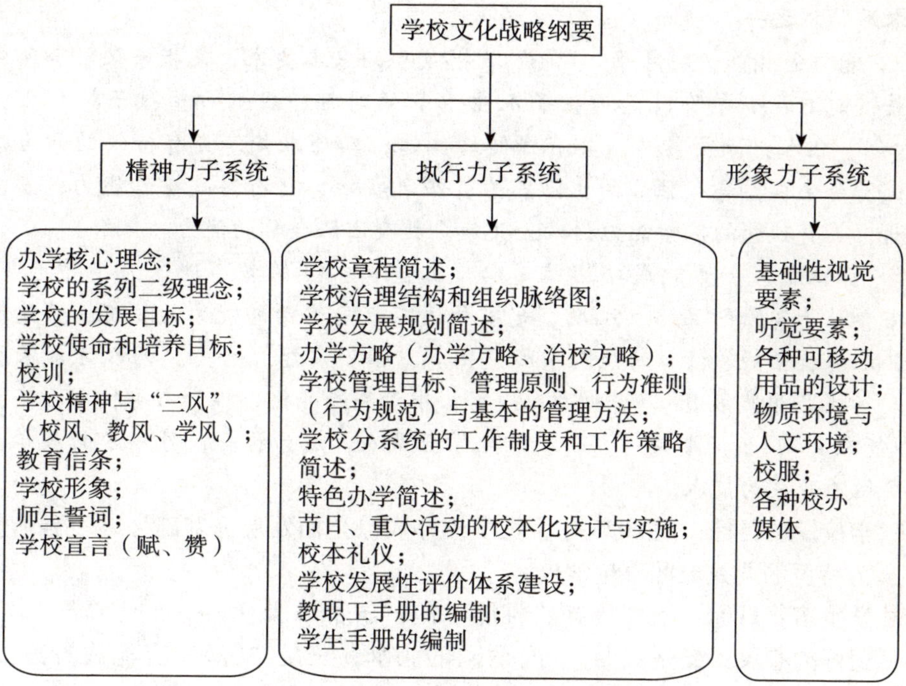


**图 3－4　学校文化战略纲要的基本构成**

## 三、九龙坡区特色鲜明的学校文化体系介绍

九龙坡区各中小学在参与研究国家社会科学基金“十二五”规划课题“西部区域基础教育现代学校制度建设的实践研究”的过程中，根据学校文化战略纲要的编制程序，在中国教科院驻区专家组的指导下，形成了特色鲜明、独具个性的学校文化战略纲要。下面以案例分析的方式略作呈现。

### （一）兰花小学文化体系

兰花小学以“养雅成人·养能成才”为办学核心理念，其核心词为“雅能”，其教育类型或教育主题为“雅能教育”。学校撰写的办学核心理念的释义如下。

“雅”，正而有美德者谓之雅。有两种含义：一是正规的、标准的，二是美好的、高尚的、不粗俗的。“雅”侧重于做人的基本要求。教育是追求美好、培育美好的事业，既要正也要美，既要科学也要艺术。“雅”是教育内在的本质特征之一。

“能”是指能力、才干。“能”既指做事的基本要求，又指未来社会所需的关键能力。小学阶段是为孩子人生奠基的时期，我们希望孩子将来成为“六会”之人：一会健体，具有强健的体魄；二会求知，具有持续的学习能力；三会生存，具有独立的生活能力；四会实践，具有实践操作能力；五会创新，具有独立的探索能力；六会共处，具有团队合作的能力。

“养雅成人·养能成才”就是以“立德树人”的教育理念为指导思想，以培养孩子高雅的品格、风度、气质和适应未来生活的能力为目标，营造和谐、温馨、恬静、清雅的校园人际氛围。“雅”“能”合一，乃人才成长之道。实施“雅能教育”，遵循育人规律，推崇高尚品格，推崇书香校园。实施“雅能教育”，我们期待一方面教学生学会做人，成为雅士，另一方面教学生学会做事，成为能人。

学校发展目标：到2025年，把学校办成以全面发展为基础、以“雅能教育”为特色的九龙坡区卓越学校。

学生培养目标：培育具有“雅能”的“五品”儿童——一是“善”，有善良美好的心灵；二是“慧”，有聪慧的头脑；三是“礼”，有礼貌的言行；四是“艺”，有过人的才艺；五是“健”，有健康的体魄。

校训：做雅士，当能人。

学校精神：教师兰之君子，学生花之蓓蕾。

校风：求真向善，尚美利群。

教风：厚学养德，雅形雅范。

学风：好学而能，好养而雅。

学校教育名言：让读书成为习惯，用责任代替一切；少年立志，成人报国；用优秀传统文化滋养孩子幸福童年；磨炼意志，强健体魄。

### （二）铁路小学文化体系

重庆铁路小学是一所有着60多年光荣历史的老牌企业转型学校。学校要实现跨越式发展，必须转变观念，摆脱桎梏，走出被动牵引的发展方式，实现自带动力的历史蜕变。重庆铁路小学现任领导班子在充分继承原领导班子留下的“行”文化的基础上，认真研究了人类社会发展不同历史时期的“行”文化的特点，并在此基础上提出了“动车组”文化体系。

办学核心理念：自生动力、主动发展。重庆铁路小学的每一位师生就好比“动车组”的每一节车厢，自生动力、主动发展。

系列二级理念：管理理念——民主协作，行之有效；教师队伍建设理念——师德高尚、业务精湛、结构合理、充满活力；课程理念——知能双馨，奠基未来；教学理念——知行合一；安全管理理念——安全第一，预防为主；后勤服务管理理念——严格程序，规范管理，民主参与，高效服务；评价理念——全员、全面评价，共同参与，定性与定量相结合。

学校发展目标：近期目标——将用5年时间，把学校建成铁路文化特色突出的重庆市品牌小学；远期目标——将用10年时间，把学校打造为西南地区铁路文化特色鲜明的品牌小学。

学生培养目标：品格佳、身体棒、知识牢、能力强、合作好的现代小公民。

校训：每天进一步。

校风：主动争取进步。

教风：与孩子成长同行。

学风：行万里路，读万卷书。

学校形象：充满艺术气息与运动活力的优质小学典范。

学校宣言：

这里是美丽的童年乐园，是孩子走向成功的起点，在新世纪的征程上，我们内心充满着对教育的荣光与梦想。

我们致力于塑造“品格佳、身体棒、知识牢、能力强、合作好的现代小公民”，在“自生动力、主动发展”的办学理念指引下，努力用理想的教育去实现教育的理想，让每一位铁路小学人都相信自我、发展自我、绽放自我！为了让每个人获得自己的发展，我们坚持“每天进一步”，这是我们对铁路小学学子的期盼，也是我们对自己的严格要求，更是我们对教育最深的理解。

我们倡导教师与孩子一起成长；我们倡导学生行万里路，读万卷书。我们着眼于明天的需要，着手于今天的准备；我们奉行“民主协作，行之有效”的管理理念，全力打造独具魅力的学校品牌。

发展，时不我待；辉煌，曙光已现。我们将采八方之睿智，扬一己之特长，努力做具有示范性、创新性、开放性的西部现代化优质小学，创小学教育品牌！我们将聚志凝心、励精图治、追求卓越，坚持文化引领，走品牌建设之路，努力缔造重庆铁路小学美好的未来！

路漫漫其修远兮，吾将上下而求索……

（三）驿都实验学校文化体系

办学核心理念：博爱。

学校发展目标：让学生成才、让教师成功、让家长放心、让社会满意。

学生培养目标：培养尊重生命、正直守信、自尊自律、心理健康，能传承优秀民族文化，具有一定科学素养和创新意识的现代城市公民。

教师发展目标：努力造就一支师德师风优良、教育理念先进、信息技术应用娴熟、责任感事业心强烈、课堂教学富有特色的可持续发展的研究型师资队伍。

校训：自信、自强、尚善、尚美。

学校精神：求真务实的科学精神，精诚合作的团队精神，开拓进取的创新精神，奋发有为的拼搏精神，胸怀世界的开放精神。

校风：德先于智，笃志励学。

教风：以生为本，善诱善导。

学风：以学为乐，边学边做。

学校宣言——《驿都赋》：

**驿　都　赋**

岁在丁亥，川剧之乡，白市驿二中、一小融新章，铸建驿都实验学校，展城乡教育统筹之新窗。

实验者，鼎新革故，锐意进取。师者金方，熔铸教育之精华，举爱心教育大旗，以生为本，以爱为源，浇筑爱心，启智开慧，人人发展。古有《论语·学而》："泛爱众，而亲仁。"今有"博爱驿都、阳光幸福"。

马帐收徒，春风回荡；程门立雪，学子恭谦。校风良好朴实，教人律己从严。"自行、自强、尚善、尚爱"，谆谆校训，朝朝同仰；"以爱为源，人人发展"，昭昭师道，时时自勉；"以学为乐，边学边做"，殷殷学风，人人共研。领导垂范，理念瞻前，建"爱心校园"，成"博爱课堂"，树巴渝特色名校。

育人工程，从书本走向生活。素质教育，从课内走向课外。承续川剧之乡文脉，建川剧传承基地，创川剧之特色课程，扬川剧艺术精华之"仁爱礼义信"，如切如磋，如琢如磨，苦苦求索，传承中华之文脉。

嗟乎！教育兴则百业兴，国运昌而文运昌。育华夏英才，喜今日驿都校园美如画，待来年弟子勤奋成栋梁，势如鲲鹏之展翅翔，心与心传递爱的教育。

（四）铁路中学文化体系

重庆铁路中学创建于 1956 年，2004 年移交九龙坡区政府管理。学校于 1982 年被评为四川省重点中学，1998 年被评为重庆直辖市首批重点中学，是九龙坡区重点打造的第一所高完中。2015 年春季与原电厂中学整合为新的重庆铁路中学。2012 年九龙坡区政府斥资一亿元对学校进行改扩建，2014 年全面竣工。学校特有的坡地山水校园，颇具巴渝文化特色。学校教师队伍一流，是全区唯一拥有英国利兹大学、香港理工大学、清华大学、北京大学、复旦大学、南京大学、北京师范大学、华东师范大学等名校博士、硕士师资的学校。教师队伍中，研究生课程班结业者和硕士 142 名，正教授级研究员、特级教师、高级教师 162 人。

办学核心理念：和美发展、群星灿烂。

学校发展目标：经过 5 年的时间，努力把学校建设成为与重庆直辖市相适应的、富有现代教育魅力、特色鲜明的巴渝名校。

学生培养目标：培养“基础全面、优质”“个性鲜明、良好”和“全面提高与分层发展相统一”的有社会责任感的人才。

教师发展目标：师德是金，研修无尽，合作创新，彰显个性。

校训：立德、立功、立言。

校风：健康、激情、包容。

教风：严谨、细致、务实。

学风：自主、思辨、创新。

重庆铁路中学赋：

夫子授门生，四科首德行。石室遗成都，文翁以化蜀。渝州多庠序，千年文脉续。中等专业学校先成，济铁路运输之急需；高级完全中学继立，膺省级名校之美誉。寒来暑往，风雨五十征程；春去秋还，桃李三万精英。前瞰大江，看滚滚洪流后浪推前浪；后倚峻岭，得幽幽胜境云腾起龙骧。毗邻高校，沾堂堂学府艺术泛灵光。绿树掩映，列阵成行；摇曳婆娑，四时芬芳。东曦既驾，辉辉耀耀披靓装；蟾兔出岫，静静谧谧泻柔光。清风徐徐来，书卷阵阵香。树“和谐发展、人文见长”之理念，诲人不倦，学而不厌，教学相长；文化长廊，星光璀璨，满目琳琅。人文气氛，充盈斯张。成“规范加个性化”之特色，航标引领，校风淳朴，人格健康；志节高雅，清新灵秀，个性张扬。潜力迸发，成效丕彰。更引高校资源，聚合八方力量，谱写育人新篇章。吁咦，盛矣！鲲鹏展翅九万里，背负青天周八荒。天外有天无垠浩渺，奋翼凌空自由翱翔！

# 第五节

# 建立现代学校课程与教学制度

对于现代学校课程与教学制度建设，九龙坡区主要从四个方面进行研究。一是课程整合与课程开发制度建设的研究，如谢家湾小学的“‘小梅花’学校课程体系与课程制度研究”、九龙坡区西彭二中的“以开心农场为载体的综合实践课程管理制度研究”；二是学校校本教研制度建设的研究，如重庆市第四十七中学的“中学校本教研制度的实践研究”、九龙坡区西彭一小的“同课异构为载体的校本教研制度的实践研究”以及九龙坡区高新育才学校的“基于‘行知课堂’的校本教研制度研究”；三是中小学课堂教学制度的研究，如重庆市第六十五中学的“品质课堂建设的制度研究”、九龙坡区实验二小的“小学品质课堂建设的制度研究”；四是师生阅读制度建设的研究，如金凤小学的“小学师生阅读制度的研究”等。

## 一、现代学校课程制度建设研究

九龙坡区以重庆市教委批准立项的深化教育领域综合改革试点项目“区域推进中小学校课程体系建设的实践与探索”为载体，主要开展了“现代学校课程理念制度建设”“现代学校课程规划制度建设”“现代学校课程开发制度建设”“现代学校课程日常管理与实施制度建设”四个方面的研究。

### （一）现代学校课程理念制度建设研究

现代学校课程理念制度是根据国家深化课程改革、落实立德树人的根本任务，立足课程育人的总体指导思想、课程建设的先进理念等多方面的要求，以规范性的文字把学校研究课程、开发课程、实施课程、评价课程时所应秉持的理念规定下来，从而形成的理念性软制度。它在现代学校课程制度建设中具有决定性、导向性作用。九龙坡区谢家湾小学的“‘小梅花’学校课程体系与课程制度研究”中制定的‘小梅花’课程价值引领制度认为：课程是师生参与深度最广、影响学生发展显著性最强的因素，在学生发展中起核心载体作用。而课程整合就是从课程内容的整合、课程时间的整合、人与课程的整合、人与人的整合、校内外资源的整合五个方面全面推进，实现知识、社会和人三因素的平衡与整合。学校的课程理念就是在学校“六年影响一生”办学理念统领下，以“红梅花儿开，朵朵放光彩”为课程育人理念，其制度建设是为确立“一切有积极影响的元素都是课程”的课程视野和“世界是我们的教材”的大课程观做出规定与操作性的要求。具体建立的课题统领制度要求从价值文化、管理文化、课程文化、教师文化、学生文化、环境文化六个维度分阶段、系统地推进课程整合，形成了“小梅花”课程体系建设项目负责制，学校各管理部门分别牵头一个版块开展研究，全校课程整合工作渗透到了学校日常教育教学工作各个环节中。由此，学校的课程理念具体化为“让每一个孩子按照自己的优势去发展”的育人目标。学校课程体系建设整体框架如图 3 -5 所示。

（二）现代学校课程规划制度建设研究

现代学校课程规划制度是广义的学校制度中重要的组成部分，是学校基于国家、地方和校本三级课程管理的现实，结合学校办学资源和办学特色等校情，以规范性文本的形式呈现出的对学校课程的设计、开发、实施、评价等方面综合思考形成的中长期计划。

九龙坡区兰花小学制定的“雅能”课程规划制度认为，学校课程规划制度建设有四个方面的原则——一是课程规划要有明确的目的性，要根据教育方针政策的要求服务于教育人、培养人、调动人的主动性与积极性这个目的；二是课程规划要从实际出发，重视学校课程传统和师生对课程的需求；三是课程规划要基于学校对课程的实践研究；四是课程规划要有具体的操作步骤。同时，学校课程规划制度建设也有四个方面的研究假设——一是“雅能”课程必有其独特的课程育人重要内涵；二是“雅能”课程需要突出“雅趣为先、雅正为纲、雅文为根、雅能为重、雅美为境”等课程育人的核心理念；三是“雅能”课程需要构建出“言语型、探知型、艺术型、运动型”四种类型课程实施模式；四是“雅能”课程需要在实践过程中逐步形成“雅能”课堂的评价体系及“雅能”课堂的常规管理制度。根据这两个方面的认识，兰花小

学形成的课程体系框架图如下。（见图 3 –6）

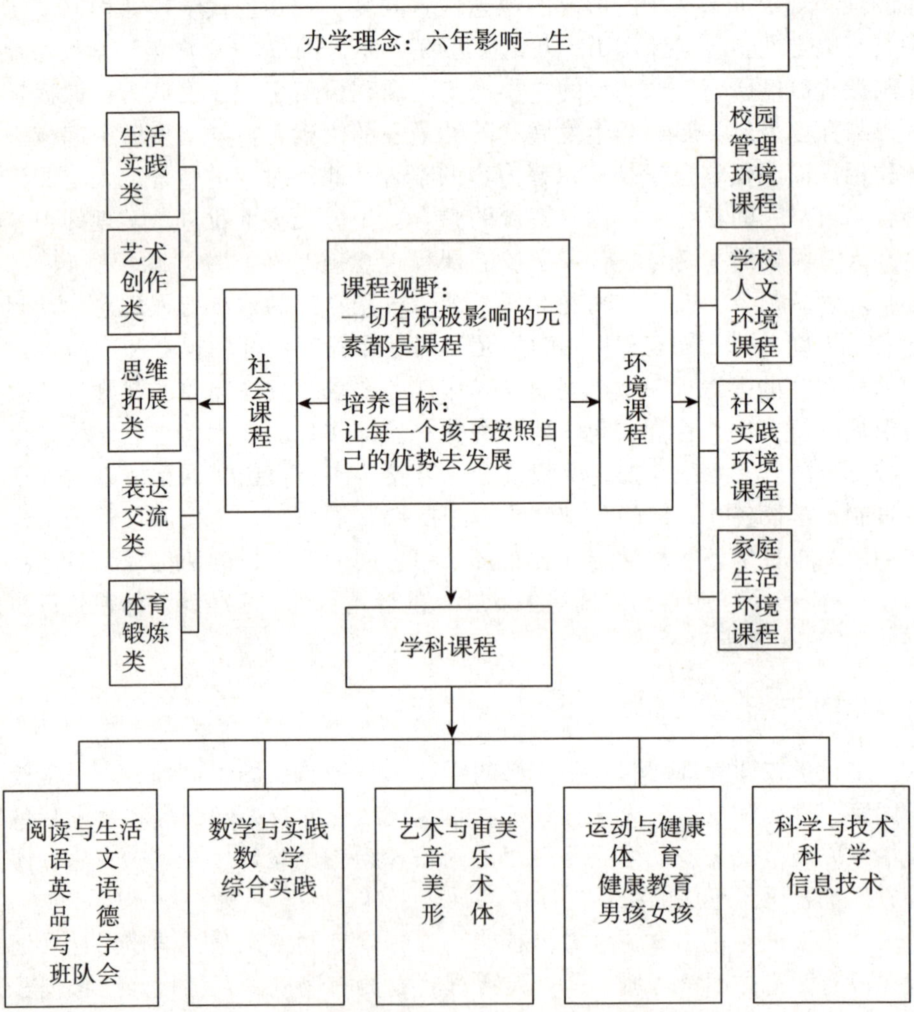


**图 3 –5　谢家湾小学“小梅花”课程体系框架图**

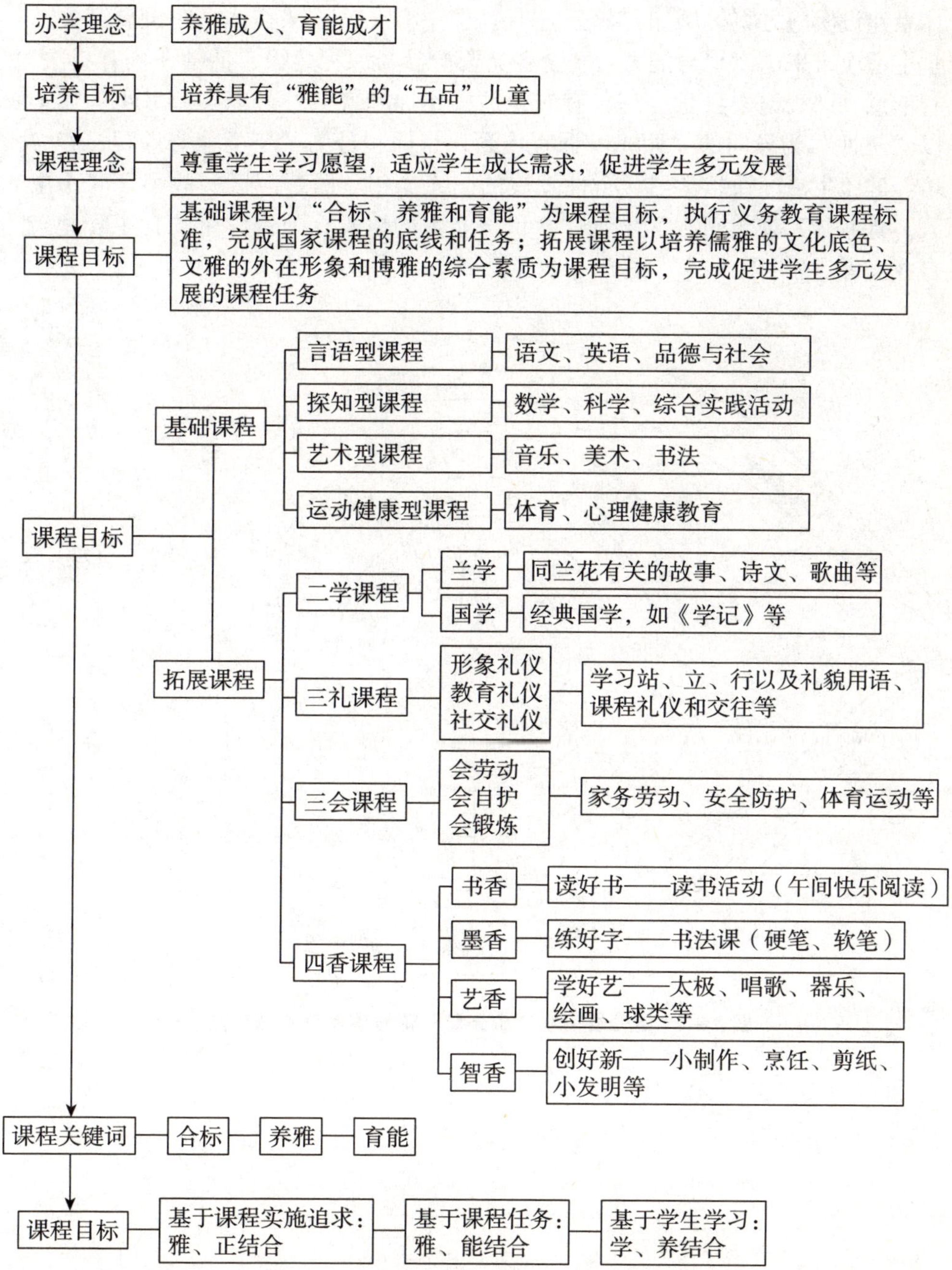


**图3-6　兰花小学“雅能”课程体系框架图**

全区其他70多所中小学也都因校制宜构建了课程体系框架结构图和课程体系建设实施方案。例如，鹅公岩小学的“小天鹅”课程体系建设高度关注学生适应未来的意识与能力，整合各类资源参与课程建设，活动课程有层次、有创意，课程框架科学合理，有较强的操作性和实效性。区实验一小构建了以“三性”为导向的“阳光”课程体系，将课程分为了三类核心课程，着力培养健康生活、快乐学习、个性发展的阳光少年。西彭园区实验小学“小主人”课程体系建设重视学生责任意识与能力的培养，强调学生的自主管理与自我发展。（见图3－7、图3－8、图3－9）

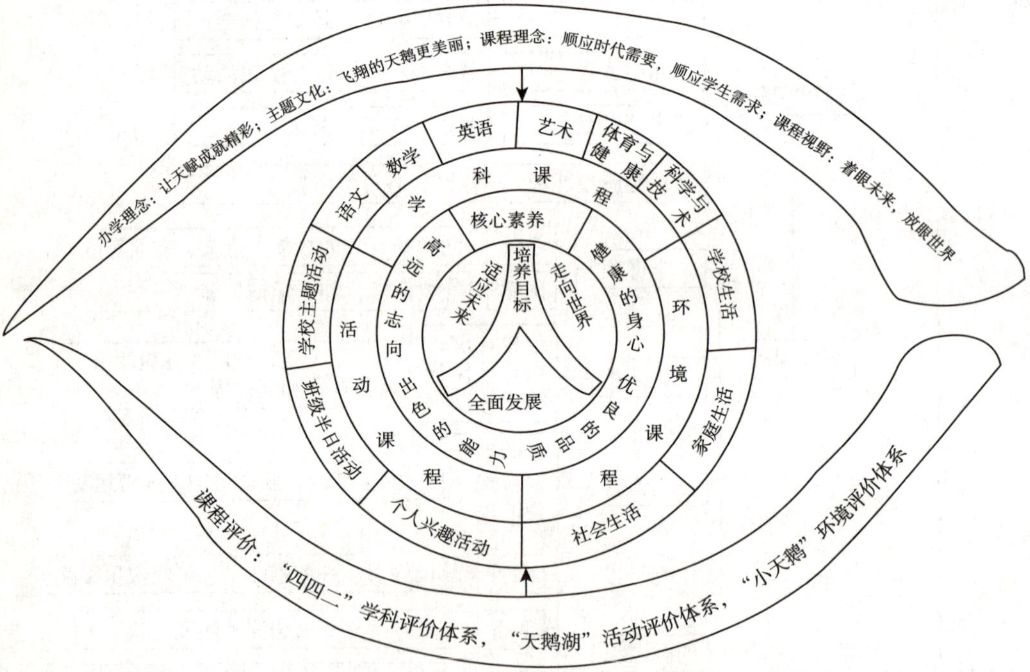


**图3－7　鹅公岩小学“小天鹅”课程体系基本框架图**

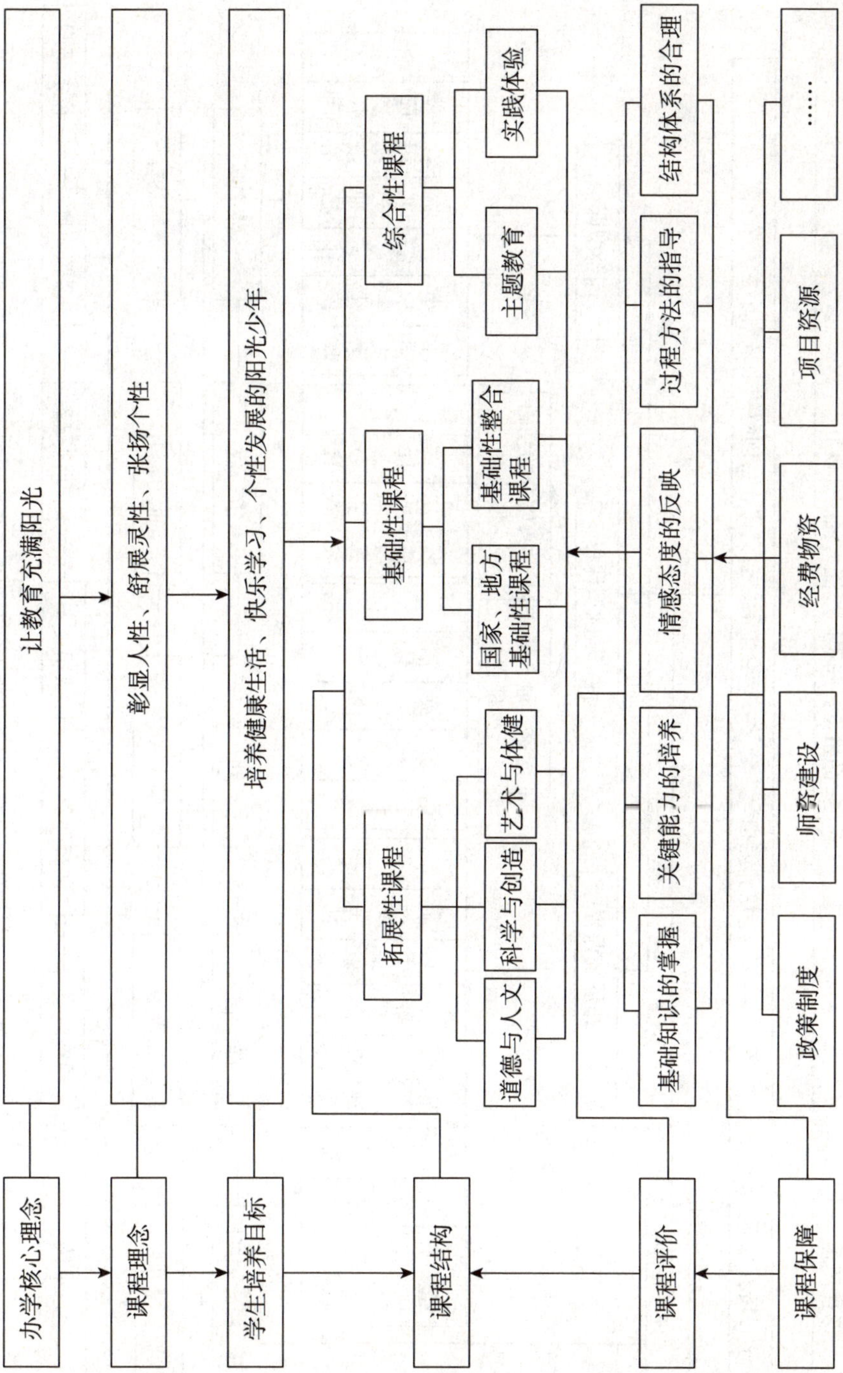


图3－8　区实验一小"阳光"课程体系基本框架图

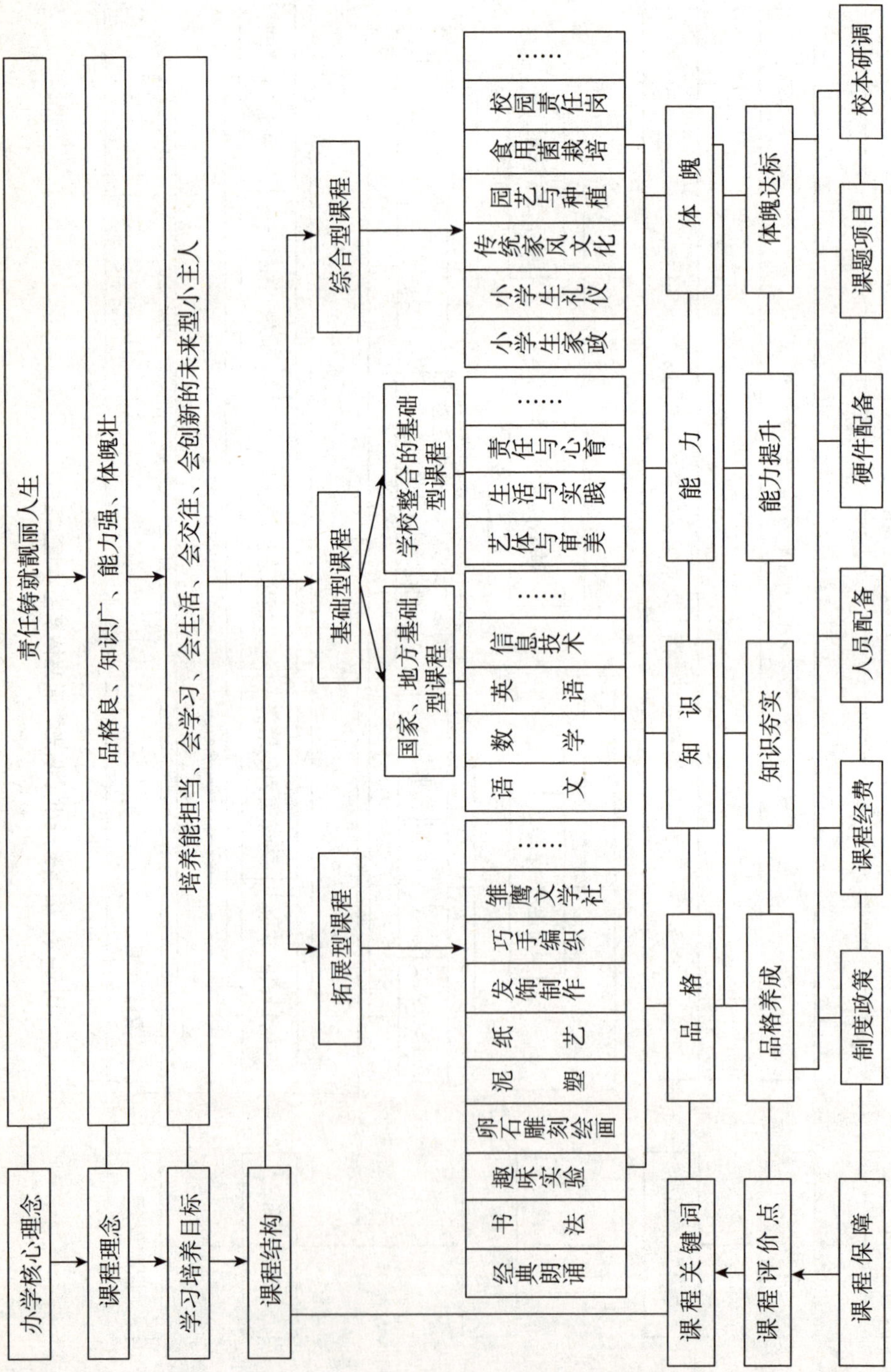


**图3－9　西彭园区实验小学“小主人”课程体系基本框架图**

### （三）现代学校课程开发制度建设研究

现代学校课程开发制度是现代学校针对学校课程体系建设、课程开发而制定的系列课程建设制度。课程开发指南、课程开发专家委员会议事规则等，都属于此类制度。九龙坡区铜罐驿小学在“小学信息化教学过程管理的制度研究”中，通过对信息化教学的“现状调研分析统计—文献查阅研究—制度建设—评价反馈—修订完善”的实践研究，形成了“‘组组通’校本课程资源收集整理制度”“‘人人通’校本课程教材编写制度”“各类校本课程实施的信息资源管理制度”“信息化校园特色课程开设指导意见”“信息技术特色课程编写大纲”“信息技术特色课程内容与教学要求说明”“‘1+4’教学资源包集体备课制度”以及“信息化教学‘四环六步’应用制度”“基于‘组组通’的主动课堂教学评价制度”“信息化教学常态应用‘四个一’考核奖励制度”等课程开发制度，确保了教育信息化技术手段从制度上在实践教学中得以贯彻落实，促进了信息技术与课堂教学的深度融合。其中，课堂教学实施“四环六步”应用制度，其具体内容见表3－1。

**表3－1　“四环六步”应用制度的具体内容**

| 教学四环节 | 教学六步骤 |
|---|---|
| 自主尝试 | 1. 自主学习<br>2. 分析学情 |
| 合作探究 | 3. 聚焦问题、合作学习 |
| 展示汇报 | 4. 展示汇报、帮扶指导 |
| 应用提升 | 5. 当堂检测<br>6. 拓展延伸 |

教学六步骤的具体内容如下。

第一步，学生自主学习。教师利用学习平台，把微课程发送到学生学习终端，为学生提供自主学习的资料。学生利用电脑，开展自主学习，实现对所学知识的初步认知。

第二步，教师分析学情。学生把学习中遇到的困难和问题通过学习平台发布出来，老师及时、全面地掌握学习情况，为调整教学策略、开展基于问题的探究学习做好准备。

第三步，师生聚焦问题、开展合作学习。由于学生课前展开了自主学习，课堂上教师可以集中精力引导学生就提出的问题开展独立学习或合作探究。

第四步，课堂展示交流，教师帮扶指导。学生以个人或小组的形式在班上展示交流自主学习情况，通过生生互动、师生互动，逐步解决问题和突破学习难点。在此过程中，教师发挥组织者、引领者的作用，将交流对话引向深入。

第五步，当堂检测。教师利用学习平台，当堂发布试题进行检测，了解学生掌握情况。

第六步，拓展延伸。利用拓展资源，学生可以自主开展分层练习，可以进行个性化阅读，拓展学习视野。

（四）现代学校课程日常管理与实施制度建设研究

现代学校课程日常管理与实施制度是指在课程开发完成后，学校为了在课堂等教学场所规范、高效地实施课程而制定的系列制度。教育部《关于全面深化课程改革落实立德树人根本任务的意见》（教基二〔2014〕4号）中指出："加强课程实施管理。各地和学校要全面落实基础教育国家课程方案，要将综合实践活动、技术、音乐、美术、体育等课程开设情况作为考核学校工作的重要内容。各地要做好地方课程和学校课程的规范管理和分类指导。进一步落实学校在教学进度安排、教学方式运用和教学评价实施等方面的自主权。建立普通高中学生发展指导制度，指导学生学会选择课程，做好生涯规划。教育部建立课程实施监测制度，定期对课程实施和教材使用情况进行评估，修改完善课程标准和教材。各地要根据监测结果，加强和改进课程实施工作。"九龙坡区西彭二中在以"开心农场"为载体的综合实践课程管理制度研究中，根据学生动手能力、实践能力、综合能力等培养的要求，制定了系列的综合实践课程日常管理与实施制度，如"西彭二中金穗扬梦开心农场综合实践活动校本教材编写要求""学生每日出操纪律班级评比制度""国旗下交流农场劳动心得制度""开心农场收获采摘制度"等。再如重庆市第六十五中学制定的"品质课堂"课堂教学观察制度，以课堂教学"专业性、全然性、趣乐性、思辨性、践习性、化成性"六元素为观察点，要求教师从六个方面解决好教学有效性的问题：适度减少无效行为，使课堂教学更为紧凑；有意控制课堂的节奏，使其更具有完整性；对学生能力的有意培养明显加强；看清学生失误情况，对学生错误回答更具有耐心；课堂知识点的取与舍——强化一个知识点的完整性，舍去不必要的知识拓展；加强课堂活动设置的有效性与可操作性，避免为活动而活动的形式课堂。

## 二、现代学校教学制度建设研究

现代学校教学制度建设研究是对教学常规制度与教学创新制度建设的综合性研究，更是运用现代学校管理制度建设的原理与方法，对现代学校教学理念、教务管理、教研管理、教法管理、教学模式建立、教学质量评价等多个教学活动的组织与实施制度建设的研究。

### （一）现代学校教学理念制度建设研究

现代学校教学理念制度是指在学校教学过程中，为教师更有效地进行教学提供服务、指导与规范而制定的，以精神引领为基本特征的学校理念层面的制度。这类制度重点需要针对“以生为本、主动学习、先学后教、以学定教、知行合一、能力为重”等新课程实施要求来制定。九龙坡区第二实验小学在“小学品质课堂制度建设的研究”中，将学校教学制度建设的理念放到“以生为本”的教学理念上，主张：课堂要由教师的“讲堂”变为学生的“学堂”，学生是课堂的主人，教师要把课堂的话语权还给学生；把课堂的空间还给学生；课堂教学过程是提升学生阅读能力、思考能力、实践能力、交流能力以及创新能力的过程。重庆铁路小学的“知行”品质课堂，将课堂教学的埋念放到“知行合一”的教学理念上，主张教学要实现“知”与“行”的和谐统一，要实现“德”与“智”的和谐发展，要追求“知行合一，德智双馨”的教学愿景。九龙坡区教师进修学院为规范中小学学科课堂教学评价活动，提出了课堂教学“关注学生行为”“关注教师行为”“关注教学目标的确立及达成度”的“三关注”评价理念，制定了《九龙坡区中小学课堂教学评价量表（试行）》《九龙坡区小学学科课堂教学诊断报告书写作要求》《九龙坡区中小学课堂教学改革五项常规要求》（九研发3号文）等规章制度。

### （二）现代学校教务类制度建设研究

现代学校教务类制度主要是指学校教学运行、教学管理、教学研究和教学质量监控管理等教学常规类制度。现代学校教务类制度主要包括教师上课、备课、听课制度以及各科作业批改规范要求、各科教研活动制度、培优补差制度、考试规章制度、教师工作制度、教研组长工作制度、教材管理制度和教学档案管理制度等。学校教务类制度的建设与完善，对教师的教学理论学习有“指导”作用，对教师的教学研究有“引导”作用，对教师的教学行为有“督导”作用，对青年教师有“辅导”作用。九龙坡区第二实验小学在学校教务类制度建设上取得了丰硕成果。一是制定了教学常规管理制度，对教学计划制订、备课、上课、听评课、作业批改、试卷批阅、考试质量分析等不同教学环节进行管理，对教师参与教育科研活动也制定出了课题资料管理制度、课改研究执行制度、校本教研管理制度等。二是引导教师从生本教育要求上，把握“一四二”生本课堂教学模式：“一”就是一个理念——生本教学理念，“四”就是课堂教学四个环节——个体先学、小组互学、全班展学、总结提升，“二”就是学生的自主学习和教师的帮学活动。（见图 3－10）

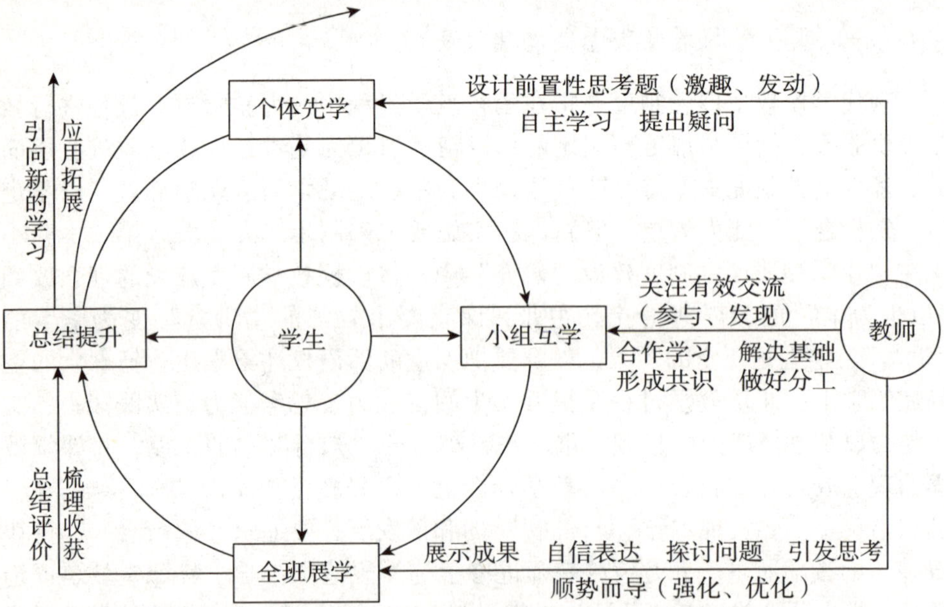


**图 3－10　九龙坡区第二实验小学“一四二”生本课堂教学模式**

重庆市渝高中学开展品质课堂下备课制度建设实践研究，以提高教师专业成长、加强备课组研讨活动、提高教学质量的制度建设为目的，形成了《备课制度总则》，包括教研组备课制度、备课组备课制度、学科考试命题制度、教学资源库建立制度等，特别是制定了集体备课管理制度，提出了“级部管理”模式：学校安排各备课组集体备课时间，落实检查制度，每周备课组至少组织一次集体备课研讨，并邀请年级分管领导或年级主任参加，分管领导在备课研讨记录中签字确认。

（三）现代学校教研类制度建设研究

现代学校教研类制度是为规范学校教育教学研究，推进课程改革与实施，落实教师备课、上课、课后评价，共享优秀教育教学资源，促进教师专业成长而制定的适应当前发展的教研科研系列制度。现代学校教研类制度的建设从教研上讲，主要是教师备课、上课、课后研讨的集体备课制度的建设；从科研上讲，主要是教研组、备课组在教学研讨的过程中为开展课题研究而进行的课题选题、课题研究过程管理、主要研究人员责任划分、课题结题评审、课题资料管理等系列制度的建设。

九龙坡区陈家坪小学在以课例为载体的校本教研制度建设研究中，对现代学校教研活动的地位与作用形成了三个方面转变的认识：学科课程育人目标的改变引起的学生学习态度和方式的转变；课程管理体制、课程结构和课程内容引起的教师教学方法的转变；课程评价功能和评价体系的转变引起的校本教研活动评价的转变。“以课例为载体的校本教研”，就是在学科专业理论的引领下，以教师为主体、以课例为载体、以反思为前提、以观察为手段、以教学问题为对象、以互动对话为特征、以行为改变为目的，运用观察、记录、分析等手段，通过选题、选课、设计、实施与记录、讨论与反思、撰写研究报告，对课堂教学活动进行教学研究的活动。因此，其制度建设有规范的要求。（见图 3－11）

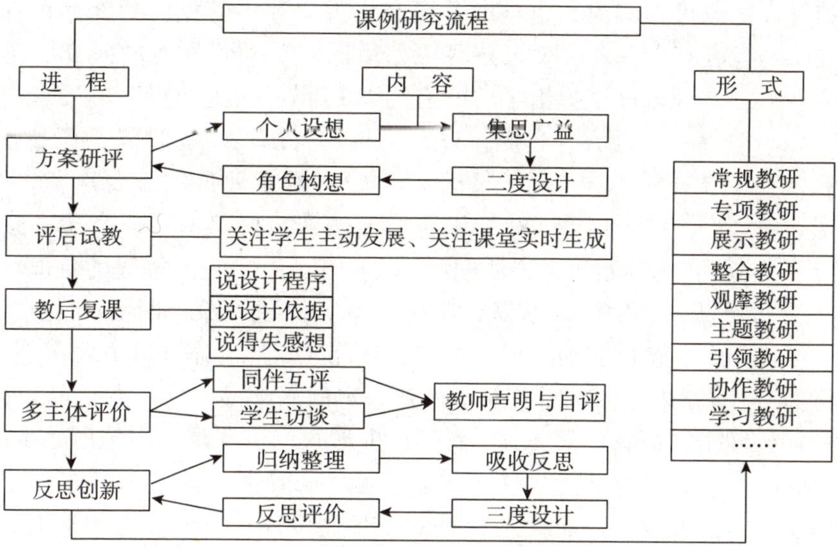


**图 3－11　课例研究流程**

重庆市第四十七中学在中学校本教研制度建设研究中，针对学校校本教研中的突出问题，在学习相关校本教研规则及条例的基础上，重点形成了校级小课题研究制度、教师常规备课制度和青年教师培养制度。其中，青年教师培养制度从指导思想、培养目标、培养途径和培养方式等几个方面对青年教师的培养做了详细的制度规定，将各项培养方式强化、细化为了文本。重庆市 111 中学在开展“初中教研组制度建设的实践研究”课题研究中，对学科教研组的基本管理职能、指导职能、组织功能、研究功能、教研组长作用、备课组职能、学科教师的职能等进行了制度的规定。如对于学科教研组 111 中学有了“‘教研组’=‘教’+‘研’+‘组’”的认识。（见图 3－12）

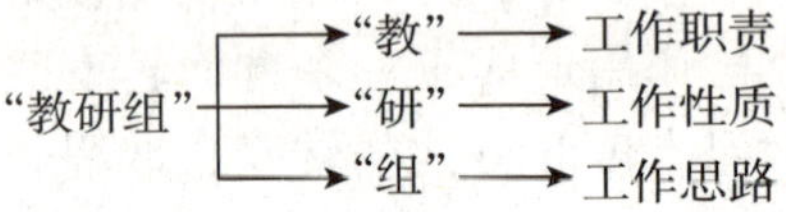


**图 3－12　“教研组”**

（四）现代学校教法类制度建设研究

现代学校教法类制度是指教师在教学过程中所采取的具体教学策略、方法以及引导学生如何学习所制定的一系列与教学方式转变相关的、为教师提供指导与规范的教学制度。它主要涉及教师对教学方式的开发、研究、运用等策略方面的制度；同时，也与教学研究、教学评价等相关制度存在着内容上的交叉与互补。九龙坡区全区开展“品质课堂”建设制度的研究，在“品质课堂”教学操作制度上提出了“六有”“五环节”“五要点”的要求：教学准备“六有”——有观察、有操作、有器材、有研讨、有示范、有专业；教学过程“五环节”——导、学、研、动、议；教学评价“五要点”——清、新、活、实、奇。一要“清”：知识清、方法清、思路清、环节清、渗透点清；二要“新”：内容新颖，方法创新，更吸引人，有更多探讨的价值；三要“活”：方法灵活，学生思维活跃，师生灵动，课堂开放；四要“实”：又活又实，活而不乱，该落实的知识、方法、技能、情感、态度等方面都能落实；五要“奇”：课堂教学内容需要新奇，有一定的兴趣导向性。在“品质课堂”建设的评价制度方面提出“八少六多”：少形式，少赛课，少施压，少考试，少评奖，少检查，少评比，少作秀；多传承，多个性，多实效，多讨论，多带动，多研究。在“品质课堂”建设的质量制度建设方面提出：学生的学习重在想象的学习、有独立思考的学习，学习方式上乐于探究、有适宜的问题解决方式、有逻辑思维能力与形象思维的活动、有质疑意识和创新精神的表现。

重庆市 111 中学对于课堂教学运用信息技术的教法制度上，提出信息技术平台可以是专用的平台，也可以是公众的博客、微博、微信、微课等平台，

在使用上可以按照“自我钻研、同伴互助、专业引领”三个环节进行操作。（见图3－13）

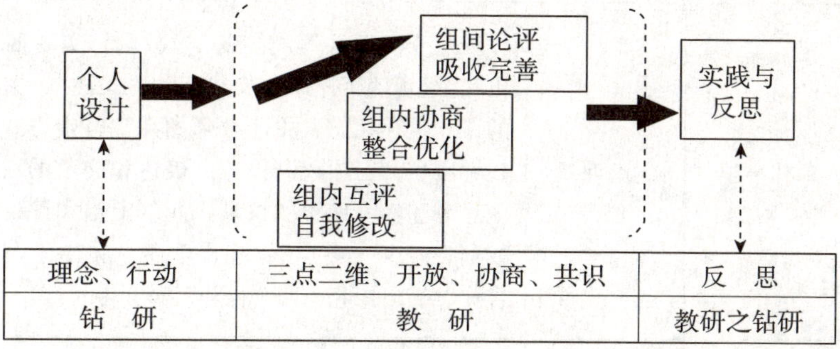


**图3－13　基于信息技术的自我钻研、同伴互助与专业引领**

（五）现代学校教学模式类制度建设研究

现代学校教学模式类制度是指能够适应向知识社会的转型或者知识社会的发展需要，以现代教育观为指导，由学校或教师制定的、包含学校基本教学模式和年级、学科、教师个人各种变式在内的、以软规范为主的各种教学模式类制度。教学模式是在一定教学思想或教学理论指导下建立起来的较为稳定的教学活动结构框架和活动程序，具有指导性、稳定性、结构性与程序性等特征。

重庆市九龙坡区在区域推进“以生为本，减负提质”课堂教学改革实践研究中，提出了多元课堂的教学模式。（见表3－2）

**表3－2　“以生为本，减负提质”多元课堂一览表**

| 序号 | 学　校 | 课　堂 | 特　　征 |
|---|---|---|---|
| 1 | 谢家湾小学 | 对话课堂 | 对话课堂是以师生对话关系与合作状态为基本形态，以自主学习为主体，以合作分享为基础，追求“三生”（生态、生活、生长）、“三动”（主动、互动、生动）的课堂形态，致力于学生全面与个性发展的生态化课堂 |

续表

| 序号 | 学　校 | 课　堂 | 特　　征 |
|---|---|---|---|
| 2 | 森林小学 | 生态课堂 | 体现三个“关注”、兑现三项权利，实现四个“突出”，呈现四个操作环节。三个“关注”：关注学生的课堂生存状态、关注教师的课堂行走方式、关注教学质量。三项权利：自由表达和展示的权利、独立思考和发表见解的权利、偶尔出错和评价课堂的权利。四个“突出”：突出学生、突出学习、突出合作、突出探究。四个操作环节：导 、学、研、评 |
| 3 | 高新实验一小 | 美的课堂 | 美的课堂是以美的教育为境界，以“三美”为理念，以美的课堂评价尺度为标准，通过营造美的课堂氛围、选择有效的教学方式，建设高效灵动的课堂。美的课堂表现为师生关系的和谐美、教与学的灵动美、交流与评价的生动美。课堂模式：美的导入—美的发现—美的升华 |
| 4 | 区实验一小 | 阳光课堂 | “阳光课堂”是以“阳光教育”办学理念为引领，充分尊重儿童的人格尊严、学习内需、学习权利，全面推进素质教育，提高教学质量的课堂 |
| 5 | 歇台子小学 | 生命课堂 | “三主四美”：学生为主体、教师为主导、体验探究为主线；和谐美、主动美、灵动美、生成美 |
| 6 | 区实验二小 | 生本课堂 | 以学生为本、以生命为本、以生动为本、以生长为本。鼓励先学，以学定教，少教多学，促进师生共同发展 |
| 7 | 铁路小学 | “知行”品质课堂 | 在课堂教学中正确传授学科知识，充分挖掘教材里的人文素养，使“智育之轨”与“德育之轨”同步前行 |
| 8 | 金凤小学 | 智慧课堂 | 课堂呈现“五性”：愉悦性、灵动性、实效性、创造性、多样性；教学环节：准、实、深、活 |

续表

| 序号 | 学　校 | 课　堂 | 特　征 |
| --- | --- | --- | --- |
| 9 | 谢家湾（金茂）小学 | 体验课堂 | 教师主导，学生主体，自主合作，主动体验，寓教于乐，灵动高效 |
| 10 | 华岩小学 | 生命课堂 | 具有人本性、生成性、平等性的课堂 |
| 11 | 九龙坡区西彭镇第三小学（简称西彭三小） | 活力课堂 | 突出学生，突出学习，强调先学后教。“活力课堂”的四步教学法，即“自主梳理—交流展示—拓展反馈—整理归纳” |
| 12 | 陶家小学 | 自主合作课堂 | 1. 学生自主探究；2. 小组合作为基础；3. 建立在思维过程能被观察的基础之上；4. 教师成为学生学习的支持者和合作者 |
| 13 | 西彭园区小学 | 个性课堂 | 发展个性，体现品质。激发释放学生的潜能，鼓励学生自主思索、合作探究，让每一个学生的个性都得到不同程度的发展 |
| 14 | 巴山小学 | 主体性发展课堂 | 实施“激励导入—自主学习—展示交流—评价精讲—练习拓展—自我小结”六步教学法；帮助学生主动学习、自主学习、创造学习，使学生会学、善学 |
| 15 | 白市驿二小 | 乐之课堂 | 乐之课堂是以“自主思考，同伴互助，能者为师”为学习方式、以“教师教得轻松，学生学得快乐，课堂优质高效，师生共同成长”为追求目标而构建的生动和谐、充满愉悦情感和浓厚兴趣的课堂 |
| 16 | 石坪桥小学 | 成长课堂 | 以人的成长为核心，促使人的知识、情感等诸要素得到不断生成、张扬、发展、提升 |
| 17 | 九龙坡区西彭镇第二小学（简称西彭二小） | 时效课堂 | 课堂氛围趣乐性、课堂问题针对性、课堂内容生活性、课堂理念文化性、课堂机制灵动性、课堂成效发展性 |
| 18 | 陈家坪小学 | 本真课堂 | 课堂之本——启迪智慧，帮助成长；课堂之真——教学相长，共同发展 |

续表

| 序号 | 学　校 | 课　堂 | 特　　征 |
|---|---|---|---|
| 19 | 含谷小学 | 阳光实效课堂 | 扎实、平实、和谐、开放 |
| 20 | 巴福小学 | 快乐课堂 | 在教育教学“全过程”中培养学生的“兴趣和爱好”，让学生“快乐”学习，享受学习的快乐，回归幸福的童年 |
| 21 | 铜罐驿小学 | “4F”主动课堂 | 通过“放—辅—扶—放”四个教学环节，秉承“教师主导、学生主体、教学主动”的原则，成就全面发展的人 |
| 22 | 蟠龙小学 | 行为课堂 | 构建以教师为主导、学生为主体的“行为共同体”，持续发展教师的教学能力及学生的学习能力 |
| 23 | 石板镇小学 | 乐学课堂 | 注重培养学生自主学习的能力，提升学生学习的信心，激发学生学习的兴趣，建立教师乐教、学生乐学的课堂 |
| 24 | 石桥铺小学 | 活力课堂 | 问题引领，激活思维；互助解疑，碰撞思维；延伸拓展，发展思维 |
| 25 | 走马小学 | 自主课堂 | 自主学习，质疑交流，总结运用，及时评价 |
| 26 | 铝城小学 | “三动”生活课堂 | 联系生活实际，引导学生动手、动情、动脑，使其自觉在实践中学习、在学习中实践，建立“教、学、做”三合一的课堂 |
| 27 | 人和小学 | 灵动课堂 | 灵活生动的趣乐导引，灵巧互动的探究辨析，灵感搏动的训练提升 |
| 28 | 兰花小学 | “雅能”课堂 | 雅趣为先、雅正为纲、雅文为根、雅能为重、雅美为境 |

续表

| 序号 | 学　校 | 课　堂 | 特　征 |
| --- | --- | --- | --- |
| 29 | 玉清寺小学 | 琢玉课堂 | 教学流程：抛砖引玉（引起悬念，引出疑问）—玉人解玉（自主解读，文本解惑）—切磋磨玉（探究磨合，习题磨炼）—他山攻玉（反三攻法，情感攻心） |
| 30 | 九龙小学 | “三学三教”快乐课堂 | “三学”，即学生乐学、会学、学会；“三教”即教师乐教、会教、教会。快乐课堂，即教师的善教之乐、学生的爱学之乐、师生关系的和谐之乐、师生共同发展之乐 |
| 31 | 和平小学 | 有效课堂 | 三要素：时间、收益、体验 |
| 32 | 共和小学 | 自主课堂 | 1. 自主制定学习目标；2. 自主选择学习内容；3. 自主选择学习方式；4. 自主选择作业；5. 自主评价、考核 |
| 33 | 田坝小学 | 探索式课堂 | 以有价值的问题为教学对象，以探索式学习为形式，以教师指导为保障 |
| 34 | 杨家坪小学 | “三点五步”课堂 | 以“学会学习”为价值追求，以学、思、辩、练为主要形式，引导学生从学习起点，经过学习焦点，达到学习终点 |
| 35 | 鹅公岩小学 | 动感课堂 | 学生在参与学习中主动、灵动，教师在组织教学中要调动、促动，课堂氛围追求生动、互动 |
| 36 | 杨石路小学 | 生动课堂 | 1. 教学目标明确；2. 教师指导得法；3. 学生学习主动；4. 师生互动有效；5. 课堂氛围愉悦 |
| 37 | 西彭一小 | 快乐课堂 | 让课堂充满愉悦的情感、灵动的智慧、生命的活力，快乐而有效 |
| 38 | 石新路小学 | 实新课堂 | “三实”理念——立足于实际问题，基于操作实践，达到实际效果；“三新”效果——课堂中师生要有新思维，教学过程要有新方式，得到更多的新收获 |

续表

| 序号 | 学　校 | 课　堂 | 特　征 |
| --- | --- | --- | --- |
| 39 | 铁马小学 | 探行课堂 | 教师主导、学生主体、思维主攻 |
| 40 | 第六十五中学 | 情境课堂 | 创设问题情境，在情境中生发，在情境中顿悟，唤醒、激励、参与、高效 |
| 41 | 111 中学 | 春意课堂 | 教师主导，学生主体，生生交流，师生互动，知识共建 |
| 42 | 杨家坪中学 | 绿扬品质课堂 | 先学后教，问题教学 |
| 43 | 西彭一中 | 心动课堂 | 先学后教，以学活教，心随课动，课随心动 |
| 44 | 巴福中学 | “356” 自助课堂 | “3” 是指三级学习目标，“5” 是指五项教学原则，“6” 是指教学六个环节；自主张扬个性，合作奠基未来 |
| 45 | 红光中学 | 生态课堂 | 师生关系和谐，教与学和谐，课内与课外和谐 |
| 46 | 田坝中学 | 阅读课堂 | 以“导、学、评、练”为课堂教学策略 |
| 47 | 白市驿一中 | 情智课堂 | 课堂教学分为五个环节：1. 制定目标；2. 自主学习；3. 合作探究；4. 巩固练习；5. 当堂小结 |
| 48 | 辰光学校 | 志趣课堂 | 激趣寻法，启智育人，教服务于学；乐学善思，明礼成习，做最好的自己 |
| 49 | 含谷中学 | 快乐课堂 | 师生互动共探索，学生主动求发展；即时评价，“四维”（学生展示、主动学习、完成作业、合作学习）调动 |
| 50 | 田家炳中学 | 幸福课堂 | 因材施教，教学相长，民主合作，其乐融融 |
| 51 | 铜罐驿中学 | 感恩课堂 | 阅读、合作、展示、感悟 |
| 52 | 西彭二中 | 互动课堂 | 以“让学生动起来，让课堂活起来，让效益高起来”为目标，以“五步三查”导学案为平台，以“反思文化、墙壁文化、评价文化、帮扶文化”四个文化带动生本课改；教师课堂评价“看学生状态，看学生活动，看学生思维发展，看师德表现” |

续表

| 序号 | 学　校 | 课　堂 | 特　征 |
|---|---|---|---|
| 53 | 走马中学 | 合作课堂 | 生生互动、师生互动的全员参与合作学习，互相启发、互相补充、互相学习、取长补短、全面合作，产生 1 + 1 > 2 的效果 |
| 54 | 电厂中学 | 和美课堂 | 在认知上教学相长，在伦理上相互尊重，在审美上相互尊重 |
| 55 | 金凤中学 | “生动”课堂 | “生动”：一是指课堂活动中，学生思维完全动起来；二是指教学内容的呈现应该是生动的 |
| 56 | 驿都实验学校 | “146”爱的课堂 | 遵循以生为本、先学后教、以学活教的教育原则，推行一个“爱”的课堂文化、四步教学环节、“六关注”评价体系 |
| 57 | 陶家中学 | 行知课堂 | 按“展示目标—预习回顾—合作探究—反馈练习—知识盘点”五环节进行 |
| 58 | 天宝中学 | “生本导学”自信课堂 | 指导思想：以生为本、先学后教、以学定教；课堂“三性”：开放性、思维性、高效性；课堂“四环节”：自主学习、合作探究、精心点拨、高效训练 |
| 59 | 西彭三中 | 赏识课堂 | 尊重个体成长规律，充满爱和人情味；让学生快乐、自信、专注、高效 |
| 60 | 渝西中学 | “五三三”绿色课堂 | “五”是指学生五级学习目标，第一个“三”是指学生学习的三种方式，第二个“三”是指三种评价方式；发挥学生主体、教师主导作用，合作探究，体现课堂的生命力、发展力 |
| 61 | 第四十七中学 | 民生课堂 | 充满爱心、平等、自由、宽容 |

续表

| 序号 | 学　校 | 课　堂 | 特　征 |
|---|---|---|---|
| 62 | 人和中学 | “4+1”理念下的五步课堂 | “4+1”是指学生一周中有4天是参加集中的学科课堂学习，有1天是自由选择学习；五步是指课前定向自学、课内合作交流、答疑解惑、反馈练习和总结提升 |
| 63 | 第七十九中学 | “自主”课堂 | 强化预习，先学后教；给学生留足展示的时间和空间；引入向同伴学习的学习方式；继续加强和完善小组建设 |
| 64 | 铁路中学 | 星光课堂 | 生本、民主、互动、情趣、高效 |
| 65 | 渝高中学 | 高效课堂 | 关注全体，互动释疑，多元课程 |
| 66 | 石板中学 | “三环节五步骤”情智课堂 | 民主、平等、激励 |
| 67 | 高新育才学校 | 行知课堂 | 真学真教，行知合一 |

### （六）现代学校教学评价类制度建设研究

现代学校教学评价类制度包括教师课前集体备课评价制度、课堂管理评价制度、教师听评课制度、课后反思总结评价制度等系列制度。学校教学评价类制度建设，主要是针对教学评价及其有效运用而开展的制度建设。

各类研究表明，现代学校教学评价类制度具有教学评价的主体性、效益性、发展性、多元性等特点，其建设重点包括：教学评价理念的确定、教学评价目标的确定、评价点的选择、评价指标体系的制定、评价制度的实施以及依据评价结果开展的反思、奖励、惩戒等。

重庆市九龙坡区推进课堂教学改革时提出了“三关注”课堂教学评价标准。具体内容如下。

第一，关注学生学习行为，其关注维度包括学习准备、自主学习、合作探究、展示汇报、学习反思。看学生是否做好学习前认知和心理准备；是否积极、主动地学习，是否独立阅读、思考和实践；是否参与小组合作、讨论学习并质疑问难；是否交流展示学习成果；能否从知识、方法和经验等方面进行反思总结。

第二，关注教师教学行为，其关注维度包括设问、组织、参与、引导、评议。看教师设计的问题是否有利于学生思考和合作探究学习；是否将学生生成性问题引向深入探究；教学着力点是否在学生学习需要帮助之处；对教学内容进行检测和评价是否有利于学生的发展等。

第三，关注“三维”目标的达成情况。重点是学生知识与技能是否准确落实，能力是否得到提升，良好的情感态度与价值观是否形成。

下面是课堂教学“三关注”评价指标和评价内容。(见表3-3)

**表3-3 课堂教学“三关注”评价量表(试行)**

| 评价指标 | 评价内容 | 等级 | | | | 得分 |
|---|---|---|---|---|---|---|
| | | 优 | 良 | 合格 | 差 | |
| 教学目标(10分) | 1. 目标明确。符合课程标准，符合学生实际，突出教学重点和难点 | 10 | 8 | 6 | 4 | |
| 教师行为(30分) | 2. 准备充分。精神饱满；脑中有课标；资源、媒体、教具准备好 | 5 | 4 | 3 | 2 | |
| | 3. 问题有效。问题基于最近发展区，有利于自主合作探究；生成性问题处理得当 | 10 | 8 | 6 | 4 | |
| | 4. 策略合理。体现生本理念，因材施教；教学流程层次分明、调控合理，讲解控制在15分钟以内；灵活处理课堂生成资源；练习检测题量适度，有效解决教学重点和难点；评价及时有效 | 10 | 8 | 6 | 4 | |
| | 5. 引导得法。及时纠正学习错误，有效解决学习困难，准确提炼学科本质和思想方法 | 5 | 4 | 3 | 2 | |
| 学生行为(30分) | 6. 自主深入。明确目标任务和流程；独立阅读、思考、实践，主动获取学习信息；大胆质疑问难；敢于运用多种方法进行探究性实践或制作 | 10 | 8 | 6 | 4 | |

续表

| 评价指标 | 评价内容 | 等级 | | | | 得分 |
|---|---|---|---|---|---|---|
| | | 优 | 良 | 合格 | 差 | |
| 学生行为（30分） | 7. 合作有效。分工具体，职责明确；围绕重点，有序合作；尊重他人，善于倾听；人人参与，积极互动。清晰表达，观点明确，理由充分，条理清晰；积极探究，善于评议，善于吸纳 | 10 | 8 | 6 | 4 | |
| | 8. 反思深刻。及时整理、巩固所学知识技能，不断完善知识能力结构 | 10 | 8 | 6 | 4 | |
| 教学效果（30分） | 9. 目标达成度高。理解掌握学科知识和方法，形成思考、分析、解决问题的技能，增强学习自觉性和主动性 | 10 | 8 | 6 | 4 | |
| | 10. 主体参与面广。主动参与面达100%，发言面不低于1/3；质疑问难、解决问题质量高；练习检测中，不同层次的学生各有所获 | 10 | 8 | 6 | 4 | |
| | 11. 资源、媒体应用好。有效整合课程资源和学生资源；应用媒体时机适宜，有效提高学生的学习兴趣和效率 | 10 | 8 | 6 | 4 | |

说明：课堂教学评价分为四个等级：“优”90分以上；“良”80—89分；“合格”60—79分；“不合格”60分以下。

“三关注”课堂教学评价标准为全区课堂教学评价改革提供了有力保障，促使课堂教学发生了深刻变化。

# 第六节
# 建立现代学校发展性评价制度

九龙坡区探索建立现代学校发展性评价制度，旨在进一步改变基础教育学校评价观念，科学设定评价指标，科学研究评价内容，科学运用评价方法，科学促进学校发展。

## 一、　教师发展性评价制度建设研究

### （一）绩效工资背景下教师激励制度的建设研究

2009 年 1 月开始实施的义务教育绩效工资政策，充分体现了党和国家对基础教育教师的重视，不仅进一步增加了教师尤其是中西部地区农村教师的工资收入，而且基本实现了“教师平均工资水平不低于当地公务员平均工资水平”的目标。这对于改善教师的经济地位，提升教师的社会地位，增强教师的职业认同感起到了积极的促进作用。

但绩效工资政策在执行过程中，出现了一些新问题，影响了绩效工资对教师的激励效果。按照《关于义务教育学校实施绩效工资的指导意见》的规定，义务教育绩效工资主要由基础性绩效和奖励性绩效两个部分构成。其中，基础性绩效占 70%，主要体现教师的基本工作量，一般按月发放；奖励性绩效占 30%，主要体现教师的工作业绩和突出贡献，由学校考核后按学期或学年发放。奖励性绩效由于比重较低，在实际操作中，难以引起教师的重视，特别是对那些已经取得高级职称且安于现状的教师来说，因其基础性工资已经较高，对能否获取 30% 的奖励性工资并不十分在意，故激励效果并不明显。就是这 30% 的奖励性绩效工资，一些学校还担心如果收入差距拉大会引发教师之间、领导与教师之间的矛盾，所持态度和做法都十分谨慎，奖励性绩效工资激励教师的作用并不明显。

基于这种实践困境，“西部区域基础教育现代学校制度建设的实践研究”总课题组确立含谷小学、区实验一小为子课题学校，开展绩效工资背景下教师激励制度的实践研究。

1. 绩效工资背景下农村小学教师激励制度的实践研究——以九龙坡区含谷小学为例

九龙坡区含谷小学地处九龙坡区西部农村城郊接合部，是一所典型的中心校带村小格局的农村小学。学校周边中小企业多，务工人员多，经济一直比较发达。绩效工资实施以前，教师的各种津补贴、奖金等收入加工资，在九龙坡区西部农村学校中一直处于较高水平。实施绩效工资后，随着一些津补贴和奖金被取消，教师的收入和以前相比，基本处于持平状态。通过绩效工资增加收入的预期没能得到满足，甚至有的教师的收入还略有下降，加上前期绩效工资分配中存在的一些问题，教师们对绩效工资开始由希望转向失望，工作积极性也受到一定影响。如何用好现有绩效工资政策，制定实施人文、科学的教师考核评价与收入分配激励制度，全方位激发和调动教师工作的热情和积极性，促进学校发展，成为摆在学校管理者面前的一个难题。

含谷小学课题组综合运用调查法、对比分析法、行动研究法等研究方法，摸清了教师需求及对绩效工资分配中考核与激励制度的看法，探明了激励制度实施中存在的问题、改进的方法及受满意程度等，形成了一系列实践研究成果。

第一，在目标激励理论指导下，结合学校教师发展需求，以激励制度建设为突破口，探索了绩效工资背景下教师激励的价值体系与基本原则。初步建立起与教师发展需求相适应的、以阳光校园文化为核心价值的教师激励制度体系，提出了“以人为本、公正公平、民主参与”的教师激励基本原则，并在实践中得到了教师们的广泛认可。

第二，研究提炼出物质激励与精神激励相结合、道德激励与业绩激励相结合、过程激励与结果激励相结合、人文关怀与绩效考核相结合、个人激励与团队激励相结合等“五结合”为核心的教师激励策略，以满足不同层次教师的发展需求为激励目标，将制度的刚性与管理的柔性结合起来，具有较强的针对性和可操作性。

第三，初步建立起与教师发展需求相适应的层次目标激励机制。学校以评选“阳光教坛新秀”“阳光教坛骨干”“阳光教坛名师”来激励青年教师，较好地解决了绩效工资背景下学校教师积极性调动的问题，促进了学校、教

师的和谐发展，为区域内外农村小学的教师激励，提供了重要的借鉴或参考。（见图3－14）

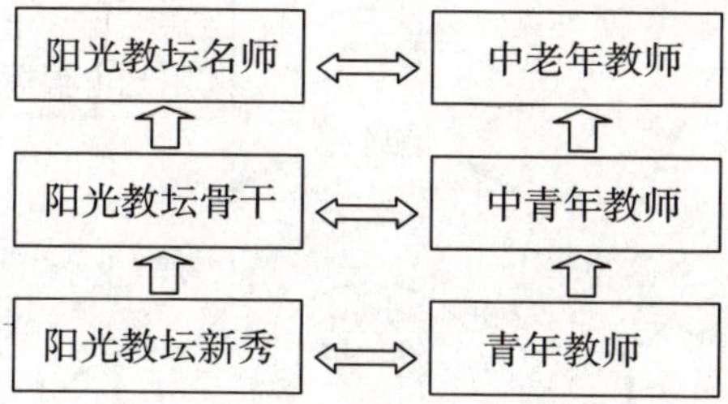


**图3－14　含谷小学教师层次目标激励机制**

第四，完成了含谷小学教师激励基本制度建设。根据以上研究成果，课题组从学校常规管理激励制度、德育工作激励制度、教学工作激励制度、后勤管理工作激励制度四个方面，完善了含谷小学绩效工资背景下教师管理与激励制度，从学校工作的不同层面规范管理，对教职工工作进行以人为本、符合教职工职业发展需求和校情的管理与激励。

2. 绩效工资背景下城市小学教师激励制度的实践研究——以九龙坡区第一实验小学为例

九龙坡区第一实验小学地处都市发达经济圈，人口密集，交通便利，信息发达。学校秉持“阳光教育”主题，以实现“九龙坡教育强区”和“三大战略”为总目标，以办人民满意的优质教育为宗旨，努力把学校办成顺应时代、顺应民意、师德高尚的都市名校。要实现这一学校发展目标，就需要一支高效、务实、团结、奋力拼搏的阳光教师团队。为了在绩效工资背景下充分调动教师的工作积极性，有效激励教师，挖掘教师潜能，建设一支优秀、阳光的教师团队，建立人文、科学、民主的激励机制，课题组开展了“绩效工资背景下城市小学教师激励制度的实践研究”的课题研究，取得了一系列实践研究成果。

一是在阳光教育办学理念指导下，以教师激励机制为突破口，形成相应的奖惩制度和管理考评条例，引导教师将学校的发展目标内化为自身的行为方式和价值观念，自觉高效地朝着预期目标奋进。

二是通过课题研究，课题组厘清并完善了阳光教师评价激励的内涵及特征，构建出阳光教师激励制度框架图，提炼出阳光教师激励评价策略，形成《学校管理制度集》《阳光教师评价量表》等物化成果，有效推进了教师激励制度的建立。（见图3－15）

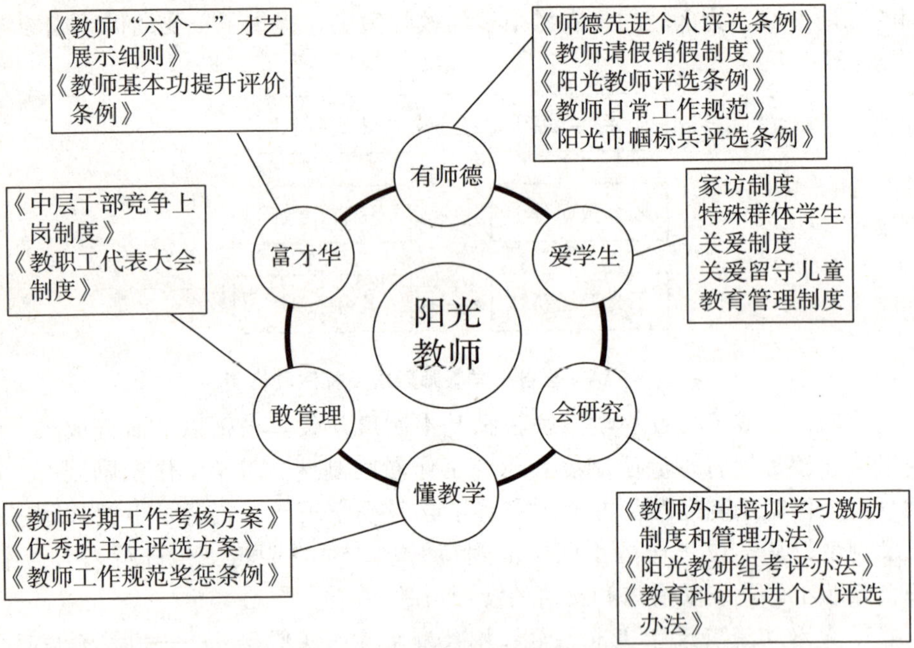


**图 3－15　阳光教师激励制度框架图**

三是通过课题研究，教师对绩效工资的认识发生了极大转变。教师们充分认识了30%奖励性绩效工资是用于对教师工作绩效进行考核奖励，打消了对绩效工资“平均分配”的观念。通过研究，学校全面诠释了阳光教育的理念和内涵，构建了阳光教师的评价机制，理清了阳光教师激励策略，梳理出了阳光教师激励评价制度，充分调动了教师的工作积极性。

（二）小学教师发展性评价制度的实践研究——以九龙坡区华福小学为例

目前，各国都希望通过提高教师素质、提升教师地位来实现提高教育质量的目的，教师专业发展日益成为国内外教育改革与教育研究的热点和难点问题。

九龙坡区华福小学成立于2012年6月。作为一所全新的小学，它在师资结构和生源方面都有特殊性。截至2013年9月，华福小学在校学生增加至1171人，在职教师仅32人，临聘教师20人，其中绝大多数教师为刚刚进入教师行业的应届毕业生或工作一年的新教师。为了完善教师专业化发展评价制度，促进教师个人专业成长，华福小学开展了“小学教师发展性评价制度的实践研究”的课题研究，力求通过课题研究，建立一个符合课程改革并且有利于教师成长、有利于学校特色创新的教师发展性评价制度体系。

课题组在充分调查和多方征求意见的基础上，制定了《重庆市九龙坡区华福小学校教师发展性评价幸福指标体系实施方案（试行）》和《重庆市九龙坡区华福小学校教师发展性评价幸福指标体系评价量表》以下简称《评价量表》，对教师评价内容及其权重进行了科学、系统、全面的研制。其评价内容分成六部分，即“有爱心、富童趣”（15 分）、“重实践、会学习”（15 分）、“厚基础、善教学”（20 分）、“懂调节、塑身心”（15 分）、“敢担当、有作为”（15 分）、“重合作、勤沟通”（20 分）。在构建教师发展性评价内容的基础上，课题组还研究了具体的评价方式。为了更好地体现以人为本的多元评价理念，该校以《评价量表》为依据，关注教师的发展过程，把握综合评价的要求，建立以教师自评为主，学校考评小组、同事、学生和家长共同参与的教师评价机制，把自评与他评、定性评价与定量评价、终结性评价与过程性评价有机结合起来，让教师不断反思、改进与发展，取得了良好的实践效果。

## 二、学生发展性评价制度建设研究

《基础教育课程改革纲要（试行）》指出：要“建立促进学生全面发展的评价体系。评价不仅要关注学生的学业成绩，更重要的是发现和发展学生多方面的潜能，了解学生发展中的需求，帮助学生认识自我，建立自信。发挥评价的教育功能，促进学生在原有水平上的发展”。为构建符合西部区域基础教育发展特点的学生发展性评价制度体系，九龙坡实验区开展了学生学业评价制度的建设研究。

### （一）小学学业评价制度的实践研究——以重庆市歇台子小学为例

面向未来，整体思考，学校究竟应该培养什么样的人？怎样去培养？以什么样的方式来衡量？用什么样的制度来保障？为寻求这些问题的答案，歇台子小学开展了“小学学业评价制度的实践研究”的课题研究，通过建立评价目标多元、评价方法多样的评价体系，制定较为科学、可行的评价制度，落实育人目标，以此来促进教师观念和行为的转变，提升课堂的品质，提高办学水平，为每一个学生的终身发展奠定基础。

课题组经过两年的实践研究，以陶行知先生的“生活即教育”“社会即学校”“培养生活力之创造”为理论基础，结合国家教育改革发展的需要与学校发展的实际，探索了小学生学业评价制度的制定与实施问题，取得了较好的实践效果。

1. 以陶行知先生的教育思想为理论基础，结合学校办学理念，形成了评价指标框架

课题组梳理出了学生“阳光学业”评价指标框架。（见表3－4）该框架又分为“爱生活”“会学习”“善创造”三大板块，具体内容见图3－16、图3－17、图3－18。

**表3－4　歇台子小学学生“阳光学业”评价指标框架**

| 评价内容 | 关键指标 | 指标评价要点 | 评价主要依据 | 评价建议 |
|---|---|---|---|---|
| 爱生活 | 身心健康 | 1. 尊人：与人和谐相处（平等、真诚、有礼），与社会和谐相处（善良、和蔼、乐观）<br>2. 尊己：生活自理、学习自律、学会自护、身心健康<br>3. 尊自然：与自然和谐相处（节约资源、爱护生态环境） | 社会主义核心价值观、陶行知先生的教育思想、《中小学生守则》《小学生日常行为规范》《小学文明礼仪教育指导纲要》《国家学生体质健康标准》《中小学心理健康教育指导纲要》 | 1. 评价方式：形成性评价、终结性评价和表现性评价相结合的方式<br>2. 评价方法：观察法、师生对话法、成果展示法、问卷调查法等<br>3. 评价主体：学生、教师、家长等<br>4. 评价呈现：学科呈现、学期呈现、阳光袋呈现 |
| | 自理自护 | | | |
| | 和谐相处 | | | |
| 会学习 | 乐学善思 | 1. 学习兴趣：抓特征（目标、广泛、抓时机、抓学生喜爱的活动）<br>2. 学科能力：一般能力（听、说、读、写）、特殊能力（各学科特有的知识与方法）<br>3. 学习方法：自主、合作、探究；学科方法：课前预习、学习笔记<br>4. 学习效果：课堂表现（提问、练习）、单元过关、期末检测、调查与实验、学科记录 | 《21世纪技能》、义务教育课程方案和相关学科课程标准（2011年版）、陶行知先生的教育思想“教学做合一” | |
| | 学以致用 | | | |

续表

| 评价内容 | 关键指标 | 指标评价要点 | 评价主要依据 | 评价建议 |
|---|---|---|---|---|
| 善创造 | 敢想敢问 | 1. 创新思维：形式逻辑思维（求优思维、缺点改进法）、逆向思维（逆向发明法、缺点利用法）、形象思维（联想法、组织技法）<br>2. 创意表达：直接表达（语言、书写、作品）、间接表达（联想、象征） | 陶行知先生的教育思想“培养生活力之创造”、《学校艺术教育工作规程》《教育部办公厅关于在义务教育阶段中小学实施“体育、艺术 2 + 1 项目”的通知》 | 5. 评价原则：主体性原则、发展性原则、激励性原则和多元性原则 |
|  | 乐于表达 |  |  |  |

- 爱生活（身心健康、自理自护、和谐相处）
  - 尊人
    - 与人相处（平等、真诚、有礼）
    - 人与社会和谐（善良、和蔼、乐观）
      - 着装：着装整洁大方，符合小学生的年龄特点
      - 语言：能主动与他人问好，语言文明
  - 尊己
    - 生活自理：吃、穿、用等（处理好日常生活琐事，自己的事情自己做，不给他人添麻烦）
    - 学习自律
    - 学会自护
    - 身心健康
      - 准备：能提前准备好学习用品、生活用品，调整好心理状态
      - 用餐：能独立用餐，节约粮食
      - 健康：积极参与活动，能学会1—2种锻炼方法
      - 清洁：能主动分担清洁任务，整理自己的房间
      - 烹饪：能学会简单的烹饪方法
  - 尊自然
    - 人与自然和谐相处（资源、生态）
      - 节约资源：能形成从节约水电到节约资源的意识
      - 爱护环境：能爱护身边的环境，珍惜他人的劳动成果

**图 3－16　“阳光学业”评价指标框架——“爱生活”**

- 会学习（乐学善思、学以致用）
  - 1 学习兴趣
    - 抓特征（目标、广泛）
    - 抓时机
    - 抓活动（学生喜爱的）
      - 喜欢学习各个学科
      - 积极主动地参与到学习的各项活动中
  - 2 学科能力
    - 一般能力（听、说、读、写）
    - 特殊能力（各学科特有的）
      - 会观察：对身边的一切充满好奇心，用心观察
      - 会倾听：用眼、用耳、用心去倾听、交流和感知
      - 会表达：会运用口头和书面的方式表达自己的感受和想法
      - 会阅读：运用一定的阅读方法，大量地阅读有益的课外书籍
      - 会运用：会运用各学科学到的知识、技能和方法去解决实际问题
  - 3 学习方法
    - 自主、合作、探究
    - 学科方法（课前预习、学习笔记）
      - 会思考：大胆想象，就生活、学习中感兴趣的领域提出自己的想法
      - 会合作：在学习中要主动与他人合作、学习、交流
  - 4 学习效果
    - 课堂表现（提问、练习）
    - 单元过关、期末检测
    - 调查与实验、学科记录
      - 认真上好每一堂课
      - 认真对待每一次检测与实验，找到得失的原因与努力的方向
      - 认真收集成长记录

**图 3－17 “阳光学业”评价指标框架——“会学习”**

- 善创造（创新思维、创意表达）
  - 创新思维
    - 形式逻辑思维（求优思维、缺点改进法）
    - 逆向思维（逆向发明法、缺点利用法）
      - 坚持问为什么
      - 展开想象的翅膀
    - 形象思维（联想法、组合技法）
  - 创意表达
    - 直接表达（语言、书写、作品）
      - 大胆质疑，敢于说出与众不同的想法
      - 我们能怎么办
      - 能主动与人沟通你的想法
    - 间接表达（联想、象征）
      - 能主动与人沟通你的想法
      - 能主动参与各种活动，展示你的创意

**图 3－18　“阳光学业”评价指标框架——“善创造”**

2. 制定出《歇台子小学学生学业评价实施方案（试行）》

根据前期的调研和评价指标框架，课题组从指导思想、评价的内容、评价的方法和操作建议、评价的原则、评价的呈现方式、评价的组织机构和评价的保障等几个方面拟定出了歇台子小学的学业评价实施方案。

歇台子小学学业评价以学生、教师、家长为主体，探索出学科呈现、学期呈现、阳光袋呈现三种呈现方式，倡导形成性评价、终结性评价和表现性评价相结合的评价方式。教师可根据需要，采用观察法、师生对话法、成果展示法、问卷调查法等，收集学生的学业情况。评价时间根据需要可以上课评、每周评、每月评、学期评等。下面具体介绍学生学业评价的三种呈现方式。

学科呈现：各学科教师要根据歇台子小学学生“阳光学业”评价体系，再根据年级侧重和学科侧重拟定本学科的学生学业评价记录表，根据学生的实际做好相关评价记录。每学期可侧重对每个板块的一个方面进行重点评价，从而引导学生不断发展。平时各学科教师对学生的评价方式可以是评等级（如优秀、良好、合格、待合格或者 A、B、C、D）、评星，也可以让学生自评，对自我进行描述性评价等。描述性评价举例：我发现（我的亮点），我努力（我的不足），我的目标（以后努力的方向）。学生的评价奖励：物质奖励与精神奖励相结合。

学期呈现：制作具有学校特色的阳光学业评价报告单，印有学校的校徽、办学理念等。制作成彩印，每个年级可用不同的颜色（如红、黄、蓝、绿、橙、紫等），让学生拿回家，与家长一起分享，最后让家长放入学生阳光成长袋中。当小学学业结束时，学生可以以此慢慢回忆自己的小学生活。阳光学业评价报告单分为四个板块。一是板块重点评价。二是学科学业水平等级呈现，呈现的是"考试科目+考查科目"，以A、B、C、D四个等级呈现，反映出本学期的学习效果，包括课堂表现、平时作业、单元过关、期末检测、调查与实验、学科记录。在单元过关和期末检测中，成绩达到试题总分数的90%及以上者记录等级A，达到75%—89%记录等级B，达到60%—74%记录等级C，59%及以下记录等级D，D为待合格等级。以上评价内容均要记录在教师工作手册和学科评价记录表上。三是阳光寄语。四是我的阳光展望（我的梦想、我的期望、我努力的方向等）。

"阳光袋"呈现：学校拟定阳光袋的目录表，任课教师、学生、家长可根据目录内容，收集相关资料。学校每学期至少组织一次阳光袋展评，先在班级内展评，再在学校展评。一方面让学生相互学习，另一方面促进评价的落实。让教师、学生和家长在真实的、丰富多彩的评价材料中，对学生进行真实、客观、激励性的评价，有助于学校开放地、多层面地、全面地评价每一个学生，进而帮助学生正确地认识自我并不断取得进步。

（二）九年一贯制学校学生学业评价制度的实践研究——以重庆市辰光学校为例

辰光学校是区政府和区教委确定的首批民工子女接收学校，农民工子女占学生总数的70%以上。学校里大部分学生学习基础不好，传统的学生学业评价制度难以调动绝大多数学生的学习积极性。为了更好地实现学校的核心办学理念——做最好的自己，调动各层次学生学习的积极性，激发全体学生的潜力，使学生学业评价更有针对性和成效性，学校开展了学生学业评价制度的实践研究，探索出一系列富有成效的实践成果。

第一，学校探索了新型学生学业评价的基本取向：学业评价的根本目的是使学生不断认识自我、发展自我、完善自我，不断实现预定发展目标；学业评价的主体、内容、方法应多元化；学生学业评价不仅要关注结果，更要注重发展和变化过程，把终结性评价与形成性评价有机地结合起来。

第二，学校在对学生学业评价现状进行调研的基础上，结合学校办学理念，构建了学业评价基本模式，形成了学业评价的操作体系。（见图3-19）

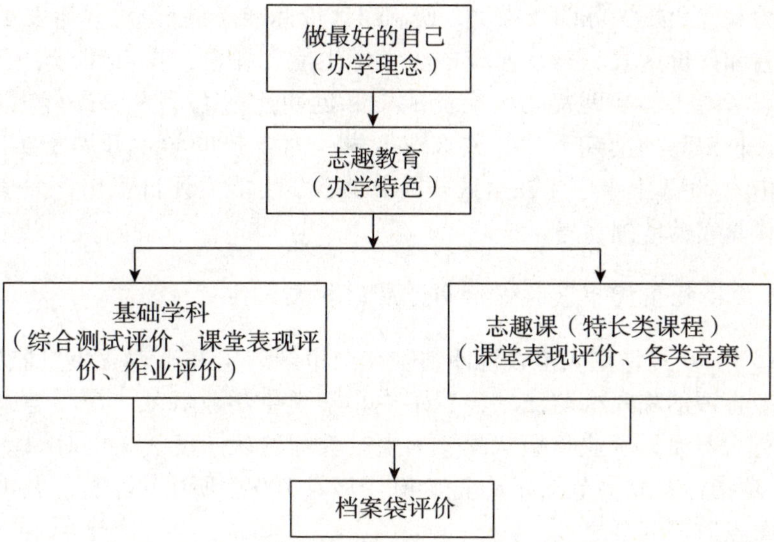


**图 3－19　辰光学校学业评价基本模式**

课题组将学校的核心办学理念“做最好的自己”作为学业评价的起点，打造了“志趣教育”办学特色。学校的学科建设体系分为基础学科（语文、数学、外语等传统学科）和志趣课（特长类课程），在此基础上制定了学生学业评价方案，将学生学业评价分为基础课程学业评价和志趣课学业评价。基础课程学业评价采取综合测试评价、课堂表现评价和作业评价相结合的方式，志趣课（特长类课程）学业评价采取课堂表现评价和各类竞赛情况相结合的方式，最后以档案袋方式来呈现评价结果。

第三，制定出《辰光学校学生学业评价方案（试行）》。根据前期研究，课题组从指导思想、评价原则、评价体系、评价的内容与方法、评价保障等几个方面拟定出了辰光学校的学业评价实施方案，具有一定的推广价值。

## 三、 社会中介组织参与中小学发展性评价的制度研究

### （一）教育质量监测中心的评估

九龙坡区教委成立的教育质量监测中心，与“品质课堂”项目结合，研发了中小学教师发展性评价标准及教师问卷工具，开展了一系列研究与实践工作。一是借助重庆市教育评估院等资源，开展中小学学生学业成就评价研究。二是研发了中小学教师发展性评价标准，从教师的专业态度、专业知识、

专业能力和专业发展等四个维度，研制出评价标准（试行），并研发了配套的教师问卷和评价量表。三是实施中小学学生能力评价，重点针对学生的阅读能力、思考能力、实践能力、交流能力和创新能力五个方面进行工具研发，已完成评价工具的前期开发，并选取区内 4 所学校的学生开展了实践论证，拟于 2016—2017 上半学年在全区开展中小学学生能力评价工作，为全区教育发展提供真实的数据参考。

（二）委托重庆市教育评估院开展的相关评估

2013 年 10 月，重庆市教育评估院在全市开展了基础教育质量监测工作。重庆市教育评估院此次监测共设置了中小学学生学业成就、身心健康、兴趣特长、行为习惯、学业负担状况、学生对教师的认同度、学生对课堂的满意度等 12 项指标，监测范围涉及全市 40 个区县 700 多所中小学校。其中，九龙坡作为重点监测区县之一。

2014 年 9 月，重庆市教育评估院印发的《2013 年重庆基础教育质量监测结果报告》显示，九龙坡区有 6 项指标排名全市第一，其他指标均名列前茅。监测结果报告中，九龙坡区中小学校各项指数排名情况如下。

小学：语文学业成就排名第 1，数学学业成就排名第 4，学生身心健康指数排名第 1，行为习惯指数排名第 1，学生对教师的认同度排名第 1，学生对课堂的满意度排名第 1，学生学业负担指数排名第 2，学生兴趣特长指数排名第 4。全区小学学业成就呈高质量、高均衡、低负担状态。

中学：语文学业成就排名第 1，数学学业成就排名第 5，学生兴趣特长指数排名第 4，行为习惯指数排名第 4，身心健康指数排名第 6，学生对教师的认同度排名第 7，学生对课堂的满意度排名第 4。全区中学学业成就呈高质量、低负担状态。

（三）委托中国教育学会评估中心开展的相关评估

2013 年，九龙坡区参加中国教育学会“中小学学业质量评价改革实验区”的建设工作，按照区教委和中国教育学会达成的共建协议的要求，开展了 2016 级学生增值评价系统基线测试，涉及语文、数学、英语等学科。2016 年完成此项测评工作。

# 第四章

# 区域性学校课程体系建设的稳步开展

在中国教科院专家组的指导下，九龙坡区教委于2015年3月下发了《关于全面推进中小学校课程体系建设的指导意见》（九龙坡教办〔2015〕7号），区教师进修学院下发了《关于全面推进中小学课程体系建设的实施方案》（九进发〔2015〕5号），明确了推进学校课程体系建设是深化课程改革、推进全区教育发展与质量提高的中心工作，要求全区各学校以“办学理念、课程目标、课程内容、课程实施、课程评价”为内容，着手建设能满足学生全面发展和创新人才培养的科学、高效、个性化、有特色的课程体系。

# 第一节
# 区域性学校课程体系建设的指导思想、目标、原则、任务

课程体系建设需要围绕学校的素质教育目标，根据素质教育的要求具体进行。在区域性学校课程体系建设过程中，九龙坡区坚持把课程作为学校立德树人的主渠道、作为学校办学实力的核心要素，将利用五年左右的时间，在全区范围内开展以下工作。一是明确课程体系建设的区域理念，把“关注生活、引领生长、经验改造”作为落实立德树人根本任务的课程理念。二是形成科学合理的课程开发、实施、管理和评价运行机制，形成相关制度体系。三是遵照“系统设计、面向未来、立足当下、继承创新、逐步推进”五个建设原则组织各学校开展课程体系建设。

## 一、指导思想

依据《中共中央关于全面深化改革若干重大问题的决定》和教育部《关于全面深化课程改革落实立德树人根本任务的意见》，全面贯彻党的教育方针，把培育和践行社会主义核心价值观融入学校教育全过程，突出课程在学校教育实践中的核心地位，提升学校相关人员的课程领导力、研究力、开发力、执行力、评价力，逐步实现国家课程和地方课程校本化，逐步构建基于学校实际、面向未来、强调未来所需关键能力的培养、具有各校特色的学校课程体系，推动学校全面转型发展，为深入实施素质教育奠定良好的课程基础。

## 二、工作目标

坚持把课堂作为学校立德树人的主渠道、作为学校办学实力的核心要素，把建设以“六元素”为核心内涵、以“多样化课程、高素质教师、现代化技术”为三大坚实支撑的品质课堂作为总体目标，利用五年左右的时间，帮助各中小学校基本建立和完善科学、高效、个性化、有特色的课程体系，满足学生充分发展和面向未来的创新人才培养的需要；形成科学合理的课程开发、实施、管理和评价运行机制，形成相关制度体系；营造民主、和谐、个性、高效、面向未来的教学环境与课程文化氛围，为学生的个性发展、自主发展创造条件，为教师的专业化成长搭建平台，为学校面向未来的特色发展奠定基础。

## 三、 基本原则

（一）系统设计

学校课程体系建设要系统设计、统筹规划，有效融合借鉴国内外先进课程的理念和方法，要符合教育教学和学生身心发展的客观规律。

（二）面向未来

学校要积极构建为培养适应未来社会需要的建设者、工作者、研究者成长的课程体系。学校管理人员、课程研究人员和学科教师要具备超前意识。课程内容要随着时代的进步不断更新，积极反映教育、经济、文化、科技、军事等领域的最新研究动向与成果。

（三）立足当下

学校课程体系建设要立足于当前九龙坡区大力推进教育综合改革、建设“品质课堂、卓越学校、现代教育”这一大背景，同时还要立足于学校的办学环境、师资水平、学生特点、办学特色等客观条件。学校课程体系建设既要立足当下，也要适度拔高，但不能拔高过多。

（四）继承创新

学校课程体系建设必须从人才培养的现实环境出发，既要注重课程改革的连续性和可持续性，又要适应新时期教育发展的要求，积极开拓，大胆试验，最大限度地发挥教育的潜在价值。

（五）逐步推进

学校课程体系建设是一个过程。学校要采取既积极又稳健的方略，主动推进。既要整体作框架性规划，又要分阶段逐步实施。在实施中发现新问题，在解决新问题的过程中逐步推进。

## 四、主要任务

（一）科学构建学校课程体系建设的基本框架

各中小学校要围绕适应知识社会、面向未来的学生培养目标，按照国家和地方课程校本化、校本课程特色化、课程资源结构优化的基本思路，加大课程建设力度，采取统整、拆分、综合、特供等方式，逐渐建成学校课程体系，以满足每一名学生在教师指导下充分发展、个性化发展、可持续发展而进行合理的选择性学习的需要。

（二）选定学校课程体系建设的主要内容

一是要以落实立德树人为根本任务，贯彻执行教育部《关于全面深化课程改革落实立德树人根本任务的意见》提出的课程育人要求；二是要结合校情、学生学习方式的转变与教师教学方式的转变，把培育和践行社会主义核心价值观等作为学校课程育人的内容；三是围绕适应知识社会、面向未来的学生培养目标，围绕形成系统扎实的学科知识基础、形成学生所需的关键能力，来选编学校课程的基本内容；四是要系统构建学校课程制度体系。

（三）确定学校课程体系建设的实施方案

区教师进修学院要制定符合区域教育实际的《关于全面推进中小学课程体系建设的实施方案》，指导好中小学校课程体系建设，总结提炼出中小学校课程体系建设的成果；各学校要在先进的办学核心理念引领下，以先进的课程理念、学生培养目标为核心，制定主题突出、内容完善、特色鲜明、面向未来的学校课程体系建设方案，以此引领学校课程体系建设的实践。

（四）完善学校课程体系建设的评价管理

区教育督导室和区教师进修学院要加强对中小学课程体系建设的相关评价制度的研究，建立健全课程体系建设的评价机制、研究指导机制。各中小学要重点关注课程整体设计的科学性、未来性，重点关注教师的课程研究力、开发力、执行力，关注学生知识基础的系统构建和面向未来的关键能力的形成。区域层面、学校、教师要共同努力，建立过程性评价与终结性评价相结合、强调能力培养的课程研究、建设与实施的评价制度。

## 第二节

# 学校课程体系建设方式的参考类型

基础教育学校课程体系建设大多需要经历三个阶段：理念阶段、模式阶段、效能阶段。九龙坡区推进学校课程体系建设，注重生活是课程的源泉，着力于学生社会实践能力的提高，科学处理了继承与创新的关系。在指导学校选择课程体系建设的类型（模式）时，区教委要求各学校要研究未来社会对人才需求的总体情况，考虑小学、初中、高中等不同学段的特点，考虑知识学习与能力培养的关系，考虑本校特色的构建等。下面介绍几种学校课程体系建设方式的参考类型。

### 一、全面整合

根据学校课程体系建设总体要求，学校对国家、地方、校本三级课程进行学科内、学科间、课内外的全面整合，形成全新的学校课程体系。如谢家湾小学刘希娅校长认为：课程体系建设一定要从改变师生的生成状态上思考工作，要从提高师生参与课程体系建设的积极性、形成课程与育人密切关系的强烈意识上组织教师参与此项意义重大的工作。由于学校课程体系建设重在求精，谢家湾小学将创建“小而精，优而特”学校课程体系作为重点进行突破，将课程育人目标定位在了“让每个孩子如朵朵红梅，竞相绽放”上。谢家湾小学以此构建了“小梅花”课程体系，其建设方式有以下两种：一是在课程内容方面有增、有减，围绕面向未来的学生培养目标来组织教学内容，构建包括学科课程、社团课程、环境课程在内的全新的学校课程体系；二是在课程内容方面不增、不减，在结构上解构后重构，重构时适当组合地方课程和校本课程。

## 二、局部整合

保持国家课程门类和整体框架不变，根据学校课程体系建设总体要求，对国家课程进行学科内的适度整合，对地方和校本课程进行学科内与学科间的整合，形成“国家课程＋若干整合课程”的学校课程体系。对于学校课程的局部整合，主要是学科内部按学习单元和学习的分组需要进行局部的整合，同时局部整合的课程仅限于在学科内部进行而不能扩大到多门学科的整合学习中。

## 三、主题型课程开发

主题型课程可以包含在课程的全面整合、部分整合、课程拆分、校本课程建设等类别中。在开发主题型课程时，学校要充分考虑未来社会对人才的需求，要突出某一主题，各主题型课程在组合为一个体系时要充分考虑其逻辑关系，要充分考虑现有课程的弊端。主题型课程开发是学校结合师资与课程资源，确定课程内容的主题，并在主题下细化为若干小的主题作为学生学习活动的主题进行组织实施的课程。主题型课程有三个特点：一是内容以主题为核心，实施过程中学生的学习目标明确；二是主题作为评议学生学习能力的重要指标项目，影响课程育人效果；三是主题型课程资源十分丰富，随时代变化而变化，如现在的创客教育就形成了较多的主题。

## 四、校本课程建设

保持国家课程和地方课程不变，根据学校课程体系建设总体要求，围绕学校办学理念、学生培养目标和特色，学校开发出特需课程、系列主题活动课程、社团活动课程、某一学习或探究的特色项目等，与国家课程、地方课程合编为学校课程体系，形成“国家课程＋地方课程＋校本特色课程”为主线的学校课程体系。建设“国家课程＋地方课程＋校本特色课程”为主线的学校课程体系，重要的是对校本化的课程资源进行分析、开发和利用，同时对于课程体系建设中的课程结构要以学生核心素养培养为导向进行综合性的设计，以保证其科学性。学校课程体系建设的总体要求是校本化、学本化、创新导向。

# 第三节

# 区域性推进学校课程体系建设的策略

区域性推进学校课程体系建设中的“推进”二字，有三层含意。一是推进是一个行政推动、教研带动、学校行动的整体活动过程，是“教研、科研、培训、信息、评价”五架马车齐驱动、“课程、课堂、课题”“三课”统整、课程资源优化的过程。二是推进就是深化，要深化“品质课堂”建设，要深化基础教育的质量评价改革，要深化教师的素质教育，要深化学校的管理改革，要加快依法治校与依法治教。三是推进学校课程体系建设可以采取行动研究、实践研究等不同的研究方式进行。推进是一个不断地修改与完善的过程，各学科的教研、各学校的课程体系建设，都要有一种研究与实践、不断修改与完善的思想准备。

## 一、学校课程体系建设坚持的基本策略

### （一）以学校办学核心理念等文化要素为指导

学校办学核心理念（办学理念、办学哲学）是学校办学的理想、信念、价值观，是学校成员对学校精神类各文化要素的提炼、概括与升华，是用来指引学校建设、教育教学与管理等活动的最高价值标准，是学校文化的基础、核心和灵魂。因此，构建学校课程体系，应当明确学校的办学核心理念。在办学核心理念的影响下，学校应形成课程理念和面向未来的学生培养目标。学校应当把课程理念和面向未来的学生培养目标根植于整个课程体系建设的过程中。

### （二）适应学生个性化发展需求

知识社会是一个个性化、数字化、全球化、创新型社会。要培养知识社会合格的人才，就必须促进学生的个性化学习和发展，处理好全面发展与个性发展、特色发展的关系。因此，学校在开展课程体系建设时，必须认清每个学生的优势，在促进其全面发展时，更要侧重开发其有价值的独特的潜能，培养其特长，使每位学生成长为不同领域、具有不同个性的有用人才。

### （三）彰显学校特色发展

在办学过程中逐步形成特色已成为每一所学校的办学追求，更是学校自身生存和发展的需要。新一轮课程改革为学校的特色发展提供了广阔的空间。时代要求我们必须注重以学校特色发展为主的校本课程体系建设，让每所学校追求自己的发展目标，形成自己的教育风格、学校文化、办学特色。

在开展特色课程建设时，要充分考虑学校特色的分级问题，重点建设能为知识社会的领先产业或行业培养人才的特色课程，持续发展能为当下培养人才、已形成一定优势、在知识社会仍有价值的传统特色课程，放弃那些还在为落后产业或领域、将要被淘汰的产业或领域培养人才的学校特色课程。

### （四）推进教育国际化

教育国际化在需要大批国际型人才的全球化时代已经成为一种必然趋势。

教育国际化绝不是照搬国外课程，而是在与国外教育的交流与碰撞中实现融合与创新。因此，学校课程体系建设必须与教育国际化的推进相结合，以此来促进我国课程改革，培养中国和世界所需要的国际型人才。

（五）推动信息技术与课程深层次整合

在建设学校课程体系的过程中，要通过开发、整合等途径形成相对稳定的课程资源，充分利用信息技术搭建多种平台，加强学校之间的联系，互通有无，实现课程资源共享。

## 二、区域学校课程体系建设的主要推进策略

（一）“三位一体”整体推进策略

“三位”是指教育行政部门、教研部门和学校，“一体”是指三方面合力整体推进课程体系建设。

1. 行政推动

区教委负责全区中小学课程体系建设工作的组织、规划、协调和考核工作，主要从“顶层设计、搭建平台、评价导向”三方面开展行政管理工作。

顶层设计。2015 年 2 月，区教委下发《关于全面推进中小学校课程体系建设的指导意见》（九龙坡教办〔2015〕7 号），作为区域推进课程体系建设的纲领性文件，对区域课程体系建设的指导思想、基本认识、总体要求和保障机制提出了明确的要求。

搭建平台。为推进区域课程体系建设，区教委每年分中小学召开两次推进会，组织各中小学进行课程体系建设情况的交流、探讨和分享。

评价导向。区教委将学校课程体系建设工作纳入办学水平评价系统进行考核，突出对课程体系建设工作和成效的评价；每年开展一次课程建设先进学校和个人评选；每两年开展一次优秀课程建设成果评选；定期开展义务教育质量监测；组织专家团队开展区域课程体系建设评价重大项目研究等。

2. 教研带动

区教师进修学院充分发挥教学研究、教育科研、培训提升、教育技术、教育评估等功能和作用，主要从“教研跟进、培训搭台、科研引路、信息技术支撑、教育评估诊断”五方面开展教研培训工作。

教研跟进，提升教研员课程指导力、教师课程执行力。一是区教师进修

学院依据区教委《关于全面推进中小学校课程体系建设的指导意见》下发《关于全面推进中小学课程体系建设的实施方案》(九进发〔2015〕5号)，提出学校课程体系建设的主要内容、参考类型、实施策略、推进措施和保障条件等。二是成立区域中小学校课程体系建设联盟体，定期开展座谈交流活动。三是开展以"学科课程体系"为主题的系列区级教研活动，重点研讨学科课程开发、课程实施等具体问题。四是教研员蹲点学科课程体系建设"试验田"，以身示范、抓好典型。五是定期组织名特教师、市级学科名师、市级骨干教师等送教活动，充分发挥示范引领作用。

培训搭台，提升校长课程领导力、教师课程开发力。第一，组织开展"中小学（幼儿园）校级干部课程领导力提升"专题培训。中国教科院驻区专家组李继星组长、成员王明建博士分别做了"中小学课程体系建设的几个关键问题""是什么、怎么做、如何评：课程整合的前世今生"专题报告、专题讲座。第二，聘请英国伦敦大学教授组织开展教师、教研员培训。第三，各学校通过"请进来"和"走出去"的方式，开展各种校本培训。

科研引路，提升相关人员的课程研究力。一是以市级重点项目和重点课题为抓手，推动区域课程体系建设。九龙坡区承担市教委课改重大项目1项、重点项目2项以及市级课改重点课题7项。二是在全区开展"学校课程体系建设"专项课题的立项和研究活动，立项课改课题共40多项。三是各学校积极开展"小课题"研究，解决学科课程体系建设中的"真问题"，参研教师达42.6%。通过大小课题结合，以大课题指导小课题，小课题助推大课题，九龙坡区形成了"国家级课题—市区级课题—校本小课题"相互支撑的良好局面，同时也形成了区域科研特色。

信息技术支撑，拓展学科课程空间，改变学生学习方式。我们积极倡导"教育技术为课程建设服务"的理念，依托区教师进修学院信息中心，充分发挥现代教育技术优势，为课程建设提供技术支撑。在课程建设中，大力提高教育技术手段的现代化水平和教育信息化程度，充分利用教育技术，建设网络资源和搭建网络平台，拓展课程空间，改变学生学习方式。

教育评估诊断，提升中小学课程体系建设的质量和效益。借力重庆市教育评估院和区教育质量监测评估中心，对学生学业水平进行监测，重视对学生学习能力的测试与评价，促进课堂教学改革，推进课程体系建设。

3. 学校行动

全区各中小学在课程体系建设过程中，以学校核心办学理念等文化要素为指导，适应学生个性化发展需求，注重学校特色发展，与教育国际化的推进相结合，充分利用信息技术搭建多种平台，实现学校之间互通有无、资源共享。各中小学积极配合参与，先后研究制定出学校课程体系建设的框架图与初步的实施方案并组织实践活动。如：谢家湾小学组织了市级层面的现场展示会；区实验一小构建了以“三性”为导向的“阳光”课程体系，将课程分成三类核心课程，着力培养健康生活、快乐学习、个性发展的阳光少年。另外，鹅公岩小学的“小天鹅”课程体系建设和铁路小学“动车组”课程体系，都高度关注学生适应未来的意识与能力，整合各类资源参与课程建设，活动课程有层次、有创意，课程框架科学合理，有较强的操作性和实效性。

（二）以核心素养为导向组织学校课程体系建设系列活动

1. 组织了各类专题培训会

2015 年 3 月开始，区教师进修学院依托中国教科院驻区专家组，联系市教科院与市内高校专家，组织全区干部教师参加了学校课程体系建设的专题报告会、专题座谈会、项目推进情况汇报会、外出考察活动等。全区干部教师加深了对学校课程体系建设重要性与必要性的理解，把握了核心概念、要素、原则、任务、原理与方法、实施的主要途径等。

2. 开展“三层面”区域课程体系建设专题研究

教师层面：研究学科课程整合、课程资源开发、课程具体实施，把教什么、怎么教和怎么评结合起来，使学校课程体系建设落地生根。

校级层面：一是修改和完善学校课程体系建设方案与框架图，做好顶层设计；二是研制学习领域（或课程类型）、学科课程标准和具体课程实施方案等。

区级层面：一是开展市级试点项目“区域推进中小学课程体系建设的实践与探索”研究，为学校课程体系建设提供理念和操作支撑；二是区教研员加强对学科课程体系建设的研究、指导与实践，积极推进学校课程体系建设。

3. 组织以核心素养为导向的学校课程体系建设活动

区教师进修学院初教中心 2015 年年底至今先后组织开展了教研员“学科核心素养”学术交流活动以及“学科课程建设，学生核心素养培育”主题研修活动，启动了干部教师“学科核心素养”论坛活动等。区学校课程体系建设推进项目组印发了相关文献资料，并完成了查新报告等工作。

4. 组织做好常态化教研工作

重点开展观课议课、案例研究、主题研讨、教师研修、论坛交流等活动，探索区域教研跨学科、综合型等大教研方式，采取“大教研与学科教研”相结合的教研方式，重建区域教研文化。尝试开展以语文为主体的“文科”大教研、以数学为主体的“理科”大教研、以艺体为主体的“综合”大教研，交流展示学科课程整合、学生核心素养培育、“互联网＋教育”等内容，创新教研方式，拓展教研空间。

5. 组织开展了“课程·课堂”建设展示与评先活动

一是组织开展区级学校课程体系建设现场交流会暨学科大教研活动；二是开展优秀课程、课堂建设成果、先进学校和个人的评选和表彰活动；三是开展第九届“九龙杯”赛课活动。

6. 积极探索“互联网+教育”的课堂教学改革

一是组织全员教师开展“教育信息技术能力提升”培训，提升教师信息素养；二是围绕培养学生核心素养，以学生为中心，以现代技术为支撑，积极开展“慕课”“云课堂”“翻转课堂”等现代课堂探索与实践，切实转变教学方式和学习方式；三是积极开展“微课程”及“微课堂”研究与实践，着力改善学生和教师在课堂上的生存状态与生命质量。

7. 加强区域教育质量评估及分析

做好区级“2+X”抽测及质量分析。区教委将采取“2+X”方式进行学科质量抽测，“2”代表语文、数学两学科，“X”代表英语、科学或其他某一学科。各学校要牢固树立全面育人的质量观，确保学校教育质量的稳步提升。

做好常规考查考试及质量分析。一是充分发挥单元质量监测的矫正反馈作用；二是认真撰写教学质量报告书。初教中心组织学科教研员对教学质量进行分析评估，充分发挥评价的导向、激励功能，促进区域育人质量绿色发展。

# 第四节

# 谢家湾小学课程体系建设透析

重庆市九龙坡区谢家湾小学秉承“六年影响一生”的办学理念和“教育即影响”的教育思想，率先提出并实践了“红梅花儿开，朵朵放光彩”的主题型学校文化建设，引起了广泛关注。自2005年开始，学校又从课程整合入手，把小学十几门国家课程整合为阅读与生活、数学与实践、科学与技术、艺术与审美、运动与健康五门课程，构建了“小梅花”学校课程体系，实现了以教材为中心的教育教学向以学生为中心的教育教学的转变，有效解决了素质教育推行难、学生学业负担重等基础教育改革的瓶颈问题。

## 一、学校文化建设在学校课程体系建设中的作用认识

学生的差异性要求学校须兼顾每个学生的特点，因材施教。尊重学生的选择权和发展权，从而培养学生鲜活的个性，恰是以人为本学校文化的应有之义和实践要求。个性作为“个体在身心、才智、德行、技能等方面所形成的比较稳固而持久的独特特征的总和”，是“个体在生理素质和心理特征的基础上，通过社会和教育的影响及主体的社会实践活动”形成的。[①] 学校文化则“具有指导学校办学方向、统一价值观念、引领师生教与学的行为的作用”[②]。因此，以人为本的学校文化能够为学生的个性发展提供条件和保障，是建设学生可选、能选、好选、选好的学校教育教学环境和工作机制的需要。特别是对于作为学生学校学习主要载体的课程，要满足学生的个性发展需求，更需要以人为本的学校文化作为依托，在坚持国家意志和教育方针的前提下，基于学生个性发展需要，对国家课程、地方课程和校本课程本身及其之间进行整合，建设消除三类课程界限的纵向深化、横向贯通的学校课程体系。

谢家湾小学基于“以文化经营学校，用发展提升品牌”的学校发展战略，在“六年影响一生”办学理念的指引下，构建了“红梅花儿开，朵朵放光彩”的“红梅文化”“朵朵文化”“开放文化”和“光彩文化”，营造出“天天快乐，健康飞翔”的学校生活。“红梅文化”，即把师生视为花中珍品红梅，把教师和学生视为发展的核心和灵魂，珍视和关注人的发展和成长；“朵朵文化”，即把每一个师生都看作是具有独特个性的人，充分认识、接纳和尊重每一个个体的独特之处，并以此作为其教育和发展的前提；“开放文化”，即相信师生都是具有发展潜能的个体，是具有自我成长和发展能力的人，学校就是要为师生的发展提供良好的环境和土壤；“光彩文化”，即相信师生的发展是精彩的、有价值的、独特的，要肯定、欣赏师生的每一点进步和成长，进而培育和展现师生自信、阳光的品质和心态。这四方面的文化建设所蕴含的

---

① 杨兆山．教育学的“个性”概念［J］．中国教育学刊，1996（4）：16－18.

② 顾明远．论学校文化建设［J］．西南大学学报（社会科学版），2006（5）：22－23.

积极看待师生、尊重和欣赏师生个性的观念，充分体现了学校以人为本的价值追求。

谢家湾小学还把这一价值追求渗透落实到学校教育教学的各个环节。在学校管理文化建设方面，谢家湾小学秉持“激情与理性同在，民主与高效同行，凡事都要考虑孩子的立场、孩子的体验、孩子的收获”的学校管理思想，把师生视为管理的主体，既把他们看作学校管理的对象，更将其看作管理的参与者、执行者和监控者。在教师文化建设上，谢家湾小学把“从知识育人向文化育人转变”作为学校教师文化建设的主题思想，建设了播撒阳光的校长文化、和谐开放的组织文化、崇尚个性的课堂文化和共享多元的绩效文化。在学生文化建设方面，谢家湾小学坚持“让每个孩子按照自己的优势去发展”的主题思想，围绕“红梅花儿开，朵朵放光彩”的学校主题文化，建设了各具特色的班级文化，开展关注全体学生、关注学生的全面发展和关注学生发展全过程的丰富多彩的活动，以便让学生阳光自信地成长、充满爱心地生活和形成良好的习惯。在环境文化建设上，谢家湾小学把“让环境成为隐性的课堂”作为主题思想，设计了与主题思想相适应的文化符号，探索出了环境建设应遵循的功能性、思想性和发展性三个维度。在课程文化建设方面，谢家湾小学提炼出了“让课程成为学生全面主动发展的载体”的课程文化建设主题，依据学生发展需要，在国家课程规范化、地方课程本土化和校本课程多样化的基础上，通过整合这三类课程，构建和实施了“小梅花”学校课程体系。

“红梅花儿开，朵朵放光彩”实现了以人为本学校文化建设的顶层设计，管理文化、教师文化、学生文化、环境文化和课程文化及其主题的确立和实践，则把这一顶层设计落实到了学校教育教学工作的细微之处。两相结合形成的“孩子是校园的灵魂，任何工作都应该从孩子的立场出发，尊重孩子的体验、尊重孩子的成长是一切工作的出发点和评价的根本标准”的学校文化，为学校整合国家课程“蓄”足了“势”。

## 二、着力从课程层面解决教育教学问题

课程在学校教育工作中处于核心地位，教育的目标和价值主要通过课程来体现。因此，课程改革是教育改革的核心内容。相较于教学改革侧重对有效性的关注，课程改革更多关注教育教学问题解决的合理性，尤其是关注学生的意愿、能力和情感态度与价值观的持续发展、健全发展，并且强调教育

教学的有效性应该服从和服务于此，而不是相反。教学改革的成功很大程度上依赖于课程改革的整体推进。如果课程没有进行相应的改革，那么客观上它就制约教学改革的进展，甚至会消解教学改革的努力。在当前大力推进基础教育课程改革，调整和改革基础教育的课程体系、结构、内容，构建符合素质教育要求的新的基础教育课程体系的时代背景下，学校层面的教育教学问题的解决势必需要唤醒校长和教师的课程意识，关注教育教学问题解决的合理性。

谢家湾小学针对课堂教学中教师教学的“一言堂”现象和为应试而教的课堂状态以及学校教学评价内容和形式的僵化、单一等问题，于2010年开始提出并实施了“对话课堂”建设，旨在引导教师从学生发展的角度定位教学的取向和策略，增加过程性评价和综合性评价，形成生动、生活、主动和互动的课堂教学生态。至2012年年底，“对话课堂”在逐渐实现上述目标的同时，谢家湾小学的校长和教师越发地认识到：现有的课程体系限制着“对话课堂”的继续深入实施，因为目前的国家课程、地方课程中如语文、数学、品德与生活（社会）、综合实践活动、音乐、美术、体育、科学、英语、科技、书法等有十几门之多，再加上校本课程，小学阶段开设的课程就更繁多了。况且，课程本位观念深重，它们之间缺乏交流与沟通，不同课程的内容交叉、重复，甚至同一课程在不同学段竟也存在内容的重复。在这课程繁多和所有课程要求教师专职化的背景下，某一个课程的教师可能出现一份教案教两个班，或同时教一个年级好几个班的音乐、体育、英语、科学、综合实践活动等课程。品德与生活（社会）、综合实践活动等课程的专职教师要教几个年级才能达到工作量，一学期下来，很多教师甚至不认识所教过的学生。即便是只教两个班的数学或语文，这样的教师在辅导学生、批改作业、反馈信息等方面都容易疲于应付，很难做到个性化的教学和指导。然而，如果某一教师只教一个班的一个学科，那么他又完不成工作量。谢家湾小学的这一认识在政策层面恰是《基础教育课程改革纲要（试行）》所要改变的“课程结构过于强调学科本位、科目过多和缺乏整合的现状”“过于注重书本知识的现状”“课程管理过于集中的状况”等问题，在理论层面就是“课程”与“教学”的彼此孤立问题。

基于此，谢家湾小学在保证国家课程全面落实，教育教学目标不降低的前提下，经过开展组织全校骨干教师研究和提炼各个学科的学科精神及实现策略等活动，将国家课程、地方课程和校本课程进行深度融合。学校从课程内容重构、教学时间重置、人与课程的融合三个维度，从学科内整合、学科间整合以及学科与生活整合三个方面，自主安排学校课程，构建了以学生为中心的“小梅花”学校课程体系。其中，对国家课程的整合具体表现为以下三个方面。第一，在课程内容设置上，将国家课程、地方课程和校本课程中的语文、数学、品德与生活（社会）、综合实践活动、音乐、美术、体育、科学、英语、科技、书法等十几门课程，整合为阅读与生活、数学与实践、科学与技术、艺术与审美、运动与健康五类课程，避免课程间、学段间教材内容的重复、交叉。第二，在课时分布上，上午长短课结合，主要进行国家课程的整合教学，下午则分段设置课程内容。低段学生每天下午都是自由选修活动；中段学生每周二、四下午进行运动、艺术类必修课，每周一、三、五下午进行自由选修活动；高段学生每周一、三、五进行运动或艺术类必修课，周二、四进行自由选修活动。第三，在课程实施主体方面，五门课程既有统一的学习过程，又有个性化的选择与实践空间、平台。一方面，充分结合教师的个性优势和特长爱好进行课程安排，不再是一份教案上几个班的课，而是教师根据自己的优势特长上一个班的不同课程，保证与学生有充足的相处时间和个性化指导学生发展的可能性；另一方面，在保证学生所达成的教育目标不降低的同时，学生可以根据自己的爱好特长进行不同阶段的个性化实践性学习。

谢家湾小学的课程整合，既落实了国家教育方针和教育改革的要求，也把握住了世界教育的发展趋势，如芬兰小学教育就注重教师对孩子的成长陪伴。芬兰小学的每个班只有一名班级教师，小学生从一年级到六年级都是由这名教师教。该教师要教语言类、科学类、艺术类等多门课程，偶尔才会有一些走堂教师来协助教学。同时，谢家湾小学的课程整合也是辩证认识课程与教学关系的体现。从它着力于课程体系建设的角度来看，体现的是把课程通俗地理解为对“教什么”的偏重，把教学定位为“怎么教”，“教什么”的科学合理是教育教学活动的首要考虑，是“怎么教”的前提。因为对于不科学、不合理的“教什么”，无论“怎么教”，无论如何引人入胜、快捷高效，其结果只能是离教育教学目标越来越远。从它着力从课程层面解决教育教学问题来看，体现的是课程与教学是不可能分离清楚的认识，毕竟如同杜威所讲：“方法不是什么外在的东西。方法不过是材料的有效的处理……我们能够识别行动的方法，并且单独讨论这个方法，但是，这个方法只是作为处理材料的方法存在。方法和教材并不是对立的。”① 也就是说“怎么教”也就只是作为处理“教什么”的方法存在，即“怎么教”是“教什么”的“怎么教”，

---

① 杜威．民主主义与教育［M］．王承绪，译．北京：人民教育出版社，2001：181.

“教什么”是“怎么教”的“教什么”。在这个意义上，教学改革需有相应的课程改革，反之亦是。然而，由于我国长期以来形成的忽视课程改革的惯性较大，特别是在学校层面，改革的着力点更多的是放在教学上，所以，着力于从课程层面解决教育教学中遇到的问题应该是当务之急。

## 三、唤醒课程意识，开发课程资源，构建学校课程体系

学校课程体系是学校文化的重要组成部分和核心载体，是衡量新课改提出的形成以人的发展为理念、重建促进学生全面发展的适应不同学校和学生个人差异的课程结构这一目标的主要标准。它作为学校在宏观把握国家教育方针、教育目的的基础上，依据学校办学理念、课程理念、培养目标、学生需要、校内外教育资源，对现行国家课程、地方课程和校本课程的课程再设计，需要唤醒校长和教师在考虑教育教学问题时对于课程意义的敏感性和自觉性，开发和“课程化”充足的课程资源，形成校本课程和国家课程、地方课程的校本化。其中，满足学生发展需求，适应学校办学定位，达成课程改革目标是根本依据；校长和教师的课程意识、足够的课程资源和一支骨干队伍是成功实施的保障；科学理解“课程”、优化师资队伍、进行校本课程开发是实施的基本步骤。

谢家湾小学在“六年影响一生”办学理念的指导下，积极组织教师深入学习讨论刘希娅校长的“教育即影响”的教育思想，促进其形成“凡是对孩子有影响的元素都是课程，凡是对孩子有意义的积极影响都是教育”的课程观。学校为了将这一课程观落到实处，在唤醒教师课程意识层面，一方面通过“从知识育人走向文化育人”的教师文化建设，把教师易于考什么教什么的习惯性教学思维方式，扭转为把“孩子的终身可持续发展”作为学校教育教学的唯一价值取向；鉴于多数教师不会主动放弃分数的现实，学校建立了各个学科专职化的教学管理格局。例如，为了防止挤占课时的低效教学，谢家湾小学特意对各个班教语文、数学的教师，不安排其任教本班的品德与生活（社会）、综合实践活动等其他课程，而是安排兼任其他年级的相关课程，以阻隔课时挤占现象。这就在机制上迫使教师只能利用有限的规定课时进行教学，倒逼他们认识到只有专心研究教材、研究学生、静心备课，才能保证课程质量和考试成绩。另一方面，学校通过组织各种教研活动，促进教师的教学反思，深化教师对这一课程观的理解。如在对话课堂的阶段总结中，学校组织教师开展对话课堂大讨论，其间有100余位教师走上学校的各个论坛、

讲台，分享他们在实施对话课堂中的经验和困惑，确认了现行教学内容的组织和教学时间的分布阻碍了对话课堂进一步的深入开展，必须进行课程整合、构建学校课程体系才能实现教师高效地轻松教和学生高质量地轻松学，从而适应基于学生发展的课堂教学。

同时，学校注重拓宽教师视野，助力教师主动发展。学校把教师培训作为学校最优先、最有价值投入的工作，采取为教师提供多层次学习的机会、鼓励教师进修、请专家驻校指导、请名师来校上课交流等方式和途径，提升教师教育教学的专业能力，为课程整合的开展储备了一支能干的教师队伍。在开发课程资源方面，谢家湾小学通过把其独特的校园环境认作隐形的课堂，把利用由减少学科课时形成的课余时间而开展的个性化选修课设计为开放的课程，把丰富的实践活动“课程化”为灵动的课程，把各种社会资源如请消防部队的战士给学生上课和学校大量的参观、检查等接待活动设计为机动课程，等等，形成了生活实践类、艺术创新类、思维拓展类、表达交流类和体育锻炼类等70余个社团课程，以及由校园物理环境、学校人文环境、社会实践环境和家庭生活环境四个维度构成的环境课程。这些课程资源的开发及其“课程化”的实践，势必需要更多的课程时间，这也就使整合国家课程成了必须。在课程体系建设方面，谢家湾小学充分意识到：学校教育教学目标的高效实现，必须达成社团课程、环境课程和国家课程的和谐统一。为此，学校无论是在课程资源开发及其“课程化”上，还是在国家课程的整合上，都始终以“六年影响一生”的办学理念为指引，实践“一切有积极影响的元素都是课程”的课程观，致力于“让每一个孩子按照自己的优势去发展”的培养目标，从而水到渠成地构建出以梅花的个性化和人性化、生命性和生活性为基本寓意的“小梅花”学校课程体系。

这一学校课程体系及其课程整合，是把以人为本的学校文化落到实处的体现，是解决素质教育推进难、学生学业负担重等基础教育改革瓶颈问题的有效途径，是谢家湾小学教师的课程意识特别是校长的课程领导力结出的硕果。该校刘希娅校长就曾明确指出现有课程体系存在的三大突出问题，并提出相应解决方案。前者是：责任分担不明确，教育部门单打独斗疲于应付；课程设置过于集中，不适合素质教育；现有的各个学科内容交叉、重复太多，课程门类太多。后者为：整合资源，明确社会责任，树立新的课程观；从教育自身做起，简政放权，推进学校教育的课程整合；综合教学，从以教材为中心走向以孩子为中心。[①] 刘校长的这一认识既能说明谢家湾小学之所以能够成功整合国家课程，构建出具有本校特色的课程体系的缘由，也分别为国家层面和学校层面解决教育教学难题指明了方向和途径，其课程整合实践又为这些难题的解决做出了可资学习的样本。

2014 年 4 月 7 日，中央电视台《新闻联播》节目推出了题为“谢家湾小学课改：一次艰难的探索”的报道之后，谢家湾小学成为热议的焦点，人民网、《中国教育报》等媒体对谢家湾小学课程整合的专题报道就有 30 余次之多。到谢家湾小学考察学习的国内外教育同行如“影子校长”“影子教师”等更是络绎不绝。

应该说，谢家湾小学的课程整合实践是成功的，其经验是值得学习和推广的。特别是在对于课程整合“尚缺乏令人信服的实验效果及深度的实验分析可以证明理论所描述的整合的优越性”[②] 的大背景下，谢家湾小学课程整合的出现，无论在理论方面还是在实践方面，无论是在国家层面还是在学校层面，对于落实基础教育课程改革的要求都具有积极意义。

---

① 刘希娅．基础教育改革需解决三大难题［N］．中国经济时报，2014－03－18（2）．

② 徐玉珍．从学校的层面上看课程整合［J］．课程·教材·教法，2012（4）：21－27.

# 第五章

# 师生阅读计划和家长教育行动计划的深入实施

教育活动中，有三个基本群体，即学生、教师、家长。这三个基本群体的状态，可以说就是一个区域教育的微生态。这几年来，九龙坡区力图抓住一些牵一发而动全身的本质性、关键性的环节，采取恰当的方式方法，积极有效地影响这三个基本群体，致力于形成健康的教育生态。经过深入思考、整体设计，九龙坡区先后启动实施了三大行动计划。

# 第一节
# “修远行动·教师阅读计划”的实施

2012年11月13日，九龙坡区教育系统正式启动“修远行动·教师阅读计划”。计划实施过程介绍如下。

## 一、实施教师阅读计划的目的、基本原则

### （一）实施教师阅读计划的目的

1. 促进全区教育系统广大干部教师不断更新教育观念

开展形式多样的读书活动，引导广大干部教师进一步牢固树立专业思想，始终坚守教育理想，坚定教育信念，弘扬教育精神，紧扣教育发展时代脉搏，把握教育改革大趋势，真正让阅读成为广大干部教师践行现代教育思想理念的源头活水。

2. 引导全区教育系统广大干部教师养成良好的阅读习惯

开展形式多样的读书活动，创造阅读条件，营造阅读氛围，使广大干部教师享受阅读乐趣，交流阅读收获，切实激发广大干部教师阅读的内生动力，真正让阅读成为广大干部教师丰富精神世界、提高专业能力、提升人生品质的自觉习惯。

3. 推动全区教育系统广大干部教师切实提升职业发展水平

开展形式多样的读书活动，进一步构建干部教师职业发展的长效机制，引导广大干部教师从阅读中汲取养分和智慧，夯实职业基础，提升专业水平，使每一位教师都成为有人文情怀、有教育理想、有人生思辨、有能力水平的

学者型教师，真正让阅读成为广大干部教师提高育人质量、成就教育人生的重要途径。

4. 带动广大青少年学生养成伴随终身的良好阅读习惯

开展形式多样的读书活动，充分发挥广大干部教师阅读的示范带头作用，引导广大青少年学生从小养成热爱书籍、尊重书籍、阅读书籍的良好习惯，真正让阅读成为改善师生关系、促进教学相长和推动学生、教师、学校共同发展的桥梁、纽带。

### （二）实施教师阅读计划的基本原则

1. 系统性原则

实施教师阅读计划，是提高教师专业素养和进行学校文化建设的系统工程，是一项长期的、常规的工作，需要统筹规划、分步实施，不能急功近利、做成单一的读书活动。

2. 专业性原则

从教师专业发展的需求出发，着力提高教师的人文素养和科学素养，着眼于教师的专业发展与教育创新，持久开展教师阅读行动，使教师通过阅读行动，完善专业知识，生成专业智慧，重塑专业精神，建立教育信仰，提升人生境界。

3. 善读性原则

每一类书籍有不同的作用和功能。每位教师根据自身特点和工作需要，善于确定自己的阅读目标，善于选择适合自己阅读的书籍，学会从不同的典籍中吸收不同知识，以丰厚自己的底蕴。

4. 致用性原则

把教师阅读行动和学校课程改革结合起来，使教师能够学以致用，不断改进教育教学工作。注重实效性，避免搞形式、走过场，不断增强教师参与阅读行动的自觉性和主动性。

## 二、 实施教师阅读计划的过程与主要措施

### （一）实施教师阅读计划的过程

“修远行动 · 教师阅读计划”以三年为一个实施周期。活动的主要阶段安排如下。

1. 启动阶段（2012 年 10 月—11 月）

区教委组织开展全区教师阅读现状调研，研究制定《重庆市九龙坡区教育系统“修远行动·教师阅读计划”实施方案》等有关文件，筹备、召开九龙坡区实施“修远行动·教师阅读计划”启动大会。各学校组织广大教师认真学习有关文件和会议精神，广泛发动，积极营造实施“修远行动·教师阅读计划”的良好氛围。

2. 实施阶段（2012 年 11 月—2015 年 10 月）

在区教委的统一领导下，有目的、有组织、有计划、有步骤、有措施地开展干部教师阅读系列活动。各学校结合本校实际，研究制定本周期内和年度干部教师阅读计划，建立健全干部教师阅读的相关制度，组建教师读书团队，组织开展形式多样的阅读活动。学校的领导干部和教师制定个人阅读计划，明确阅读内容和要求，积极主动地参与阅读活动。

3. 总结阶段（2015 年 11 月—12 月）

从教师个人、学校、全区三个层面，系统总结实施“修远行动·教师阅读计划”的成功经验、创新做法，形成一系列具有借鉴意义和推广价值的阅读经验或个案。各学校做好总结成绩、提炼经验、表彰先进、展示成果、完善档案资料等工作。区教委组织对全区教育系统及学校的阅读状况进行科学评价，召开“修远行动·教师阅读计划”总结表彰大会，提炼推广一批经验成果，评选表彰一批先进典型。

## （二）实施教师阅读计划的主要措施

1. 提高思想认识

实施“修远行动·教师阅读计划”，引导和推动干部教师重视阅读学习，是加强干部教师队伍建设、提升干部教师队伍素质的内在需求，是推进教育内涵式发展、提升办学水平的必然选择，是推进全民终身学习、构建学习型社会的客观要求，是全面实施区域教育改革发展的重要举措。全区教育系统广大干部教师充分认识到：书籍是人类宝贵的精神财富，是启迪智慧的钥匙，是人类进步的阶梯；教育者应当先受教育，应当终身接受教育；只有通过多读书、读好书，教师才会拥有教书育人的源头活水；阅读是丰富教师精神世界的最有效方式，也是实现教师专业成长的基本方式，真正把阅读作为提升教师的文化品位、思维品位、精神品位和人格品位的重要手段；干部教师良好的阅读习惯和阅读风气，对于青少年学生良好阅读习惯的养成，对于推动“书香校园”和学习型社会的建设具有重大的榜样示范作用。

2. 切实加强领导

区教委建立由区教委主任担任组长的“修远行动·教师阅读计划”领导小组，下设办公室（办公地点设在区教师进修学院），由区教委分管师资培训的副主任担任办公室主任，区教师进修学院院长担任办公室副主任，具体负责“修远行动·教师阅读计划”的组织实施工作。聘请有关专家学者组建专家指导组，以加强对教师阅读的指导与引领。各学校建立以校长为负责人的工作机构，建立健全推动干部教师阅读的工作机制，把推动教师阅读作为学校教育教学的一项长期任务，列入学校办学的重要议事日程。各学校要细化目标任务，严格落实责任，积极为教师创造良好的阅读条件，督促和引导教师开展阅读活动，切实调动教师的阅读积极性，促进教师养成良好的阅读习惯。

3. 精心组织实施

全区教育系统组织开展形式多样的教师阅读活动，落实教师阅读计划的要求，实现教师阅读计划的目标。区教委加强对组织实施“修远行动·教师阅读计划”的策划、指导和督促。学校是组织和推动教师阅读的主体，各学校要立足校本，坚持把实施“修远行动·教师阅读计划”作为队伍建设和校园文化建设的重要组成部分，精心组织实施，切实抓紧抓好。坚持把每年的“世界读书日”（4 月 23 日）所在周确定为九龙坡区“教师阅读活动周”，集中开展系列活动。坚持组织开展经常性的阅读活动，搭建活动载体，开展读书沙龙、读书汇报会、专题讨论会、读书征文、名家讲堂等丰富多彩的阅读活动。坚持做好教师阅读的指导和引导工作，认真研究基于九龙坡区教师现实需要的人文与科学经典读本或指导书目，推荐必读书和选读书、精读书和略读书，举办教育书评等活动。鼓励和支持建立教师阅读小组、教师阅读共同体、教师阅读俱乐部，开展多种形式和主题的阅读交流学习活动。

4. 端正学习风气

学风是学校的灵魂，是一所学校精神文化的具体体现，是衡量办学水平的重要标志，是一种潜移默化的巨大而无形的精神力量。把树立优良的干部教师阅读风气作为学校校风、教风、学风建设的重要内容，以优良的教师学风促进学校“三风”建设。在实施“修远行动·教师阅读计划”、推动教师阅读的活动中，广大干部教师要进一步端正学习态度，大力倡导和树立理论联系实际的优良学风，坚持把理论联系实际作为指导原则、主要方法和根本标准来贯彻，针对教育现实问题和教育教学工作需要，紧紧围绕学校长远发展、个人专业发展、学生成长成才来开展和深化学习，致力于破解教育难题、优化育人工作、提高育人质量、推动教育发展，切实做到知行合一、学以致用、用以促学、学用相长。坚决反对和防止在干部教师阅读活动中搞本本主义、清谈主义和形式主义。广大干部教师沉心静气认真阅读，积极撰写读书笔记、读书感悟、读书心得，如我的教育故事、读书故事、教育日记、教育反思、教育随笔等，切实增强阅读效果。

5. 注重活动实效

学习的目的全在于运用。全面提升办学质量与育人水平，推动全区教育改革发展取得新的成效，是组织实施“修远行动·教师阅读计划”的根本目的。因此，实施“修远行动·教师阅读计划”，要在突出针对性、激发自觉性、增强实效性上狠下功夫，切实改善全区教育系统广大干部教师的阅读状况，着力提高干部教师的人文素养和专业水平。坚持把阅读学习与专业发展、能力提升紧密结合起来，从干部教师的专业发展需求出发，大力推动职业性阅读，引导干部教师阅读教育类名家名著，有目的、有选择、有重点地阅读教育理论和实践经验类图书。倡导每一位教师每学年至少精读一本教育教学专业书籍。在推动教师专业阅读的同时，鼓励教师个性化阅读，实现阅读价值的多元化。坚持把阅读学习与教育教学实践紧密结合起来，督促干部教师正确处理好阅读与工作、实践与研究、学习与反思的关系，把阅读学习变成实践与研究的过程，用理论指导实践，在阅读中反思，在反思中校正，从而不断改进教育教学实践，提高教育教学质量。坚持把阅读学习与培养青少年学生良好的阅读习惯紧密结合起来，通过教师阅读带动学生阅读，通过师生共读共写，引导青少年学生养成良好的阅读习惯，达到促进教师专业发展、促进学生健康成长的目的。坚持把阅读学习与建设“书香校园”、学习型组织紧密结合起来，通过开展干部教师阅读活动，大力推动学习型团队、学习型组织建设，营造浓郁的校园阅读氛围，让书香熏陶师生、浸润人生，真正把每一所学校都建设成为名副其实的“书香校园”。

6. 加大保障力度

进一步加强中小学图书室（馆）建设，认真执行教育部颁布的《中小学图书馆（室）规程（修订)》，切实做好图书配备和管理工作。为学校图书室、阅览室配备数量充足、适合教师阅读的书籍、刊物，并将其纳入中小学图书更新计划。在九龙教育研修网设立九龙教师读书专栏，推进电子图书阅览室建设，建立教师阅读在线网络系统。加大图书装备经费投入，区教委将安排专项经费用于实施“修远行动·教师阅读计划”，为深入推动教师阅读提供必要的条件。各学校建立健全推动教师阅读的保障制度，为实施“修远行动·教师阅读计划”提供必需的经费。广泛争取社会各界支持“修远行动·教师阅读计划”的开展，尽可能减轻教师个人经济负担。

7. 营造良好氛围

重视和加强教师阅读的宣传力度，让广大干部教师深刻认识到阅读学习的重要性、必要性和紧迫性，真正让阅读成为广大干部教师的一种乐趣、一种共识、一种需要、一种习惯、一种常态。各学校结合本校实际，把热爱阅读、崇尚阅读作为校园文化建设的重要内容来抓，努力营造校园阅读的良好氛围。学校校级领导干部以身作则、带头阅读，以自身的实际行动感染和带动教师阅读。充分调动广大干部教师阅读的主动性和积极性，让教师真正品尝到阅读的快乐，在阅读中成长，在阅读中改变，在阅读中迈向卓越。充分发挥先进典型的示范带头作用，适时开展“优秀读书人”“教师藏书家”“优秀读书笔记”“优秀读书征文”“读书演讲比赛”“读书知识竞赛”“学习型团队”等评选表彰活动。动员学生家长和社会各界共同参与教师阅读活动，形成学校教育、家庭教育、社会教育的良性互动。

8. 加强考核评价

区教委对各学校组织实施“修远行动·教师阅读计划”的情况进行专项考核，考核结果纳入学校年度综合目标考核，与学校评优评先挂钩。探索构建以研读教育经典为基本内容的教师继续教育模式，将干部教师阅读情况纳入继续教育的重要内容和管理体系，赋予一定分值的继续教育学分，并纳入各级骨干教师、名师评选和考核的重要内容，将考核结果与教师评优评先挂钩。精心研制九龙坡区中小学干部教师人文与科学素养的评价指标体系，并对干部教师的阅读状况进行阶段性的科学评价。切实加强对学校开展教师阅读活动的检查和指导，认真研究和解决活动实施中存在的问题。各学校将推动干部教师阅读作为校本研修的重要内容，建立健全教师阅读学习的考评制度，探索建立科学合理的评价激励机制，引导广大教师自觉、主动地参与阅读活动，由被动的阅读者转变成“修远行动·教师阅读计划”的建构者。通过不懈努力，在全区教育系统树立和形成高度的阅读自觉和教育自信，让每一位教师、每一所学校都鲜明地彰显“爱心、书香、理性”的九龙坡教育“三原色”。

## 三、 实施教师阅读计划的典型案例

### （一）谢家湾小学教师阅读行动

谢家湾小学以“六年影响一生”办学理念为引领，在全面实践“红梅花儿开，朵朵放光彩”主题型文化中，营造校园书香氛围，全面实施“修远行动·教师阅读计划”和“修远行动·学生全科阅读计划”，不断创新“立德树人”教育方式，调绘“对话课堂”基本底色，夯实“卓越学校”文化基础，引领“现代教育”价值取向，充分彰显教育的本质和目标。学校以九龙坡教育阅读总体理念——求真、向善、尚美、创新为出发点，全方位开展教师阅读和学生全科阅读活动。

1. 为教师送上好书

为了促进全校教师阅读行动，让阅读成为教师的一种习惯，近年来，学校根据教师的喜好为每位教师购书10—15本，为教师购买图书共计3000多册；开放学校“红梅书苑”，让教师有时间和专门的场所读书。学校工会还利用三八妇女节、教师节为教师送上好书，有修养身心的《幸福在心，不在境》《活法》，有促进教师专业成长的《人民教育》《课程的逻辑》《学生为什么不喜欢上学?》《第56号教室的奇迹》《教海泛舟——杜东平的教育实践与探索》等书刊，有为各教研组订阅的《重庆日报》《中国教育报》《小学语文教学》《小学数学》等书报，也有了解家长、了解家庭教育新动向的《新家长报》。为教师购买专业图书，成为学校舍得付出的投入，学校近年累计为教师购买书报达10万元以上。

2. 制定读书计划

读书贵在坚持，一时兴起读书易，长期坚持读书难。为此，学校采取教师自律和学校他律相结合的方式，统一制定了《谢家湾小学“教育名著伴我行读书活动”个人读书计划》（见表5-1），让读书活动更有针对性、持久性，效果更加明显，引领教师根据自身情况思考自己的读书内容，确定读书思路，提高读书的效益。据统计，学校每位教师每学期阅读教学专著两本以上，撰写读书心得体会两篇。阅读，已成为谢家湾小学教师专业成长的重要途径，也成为教师专业生活的重要内容。

**表5-1　谢家湾小学“教育名著伴我行读书活动”个人读书计划**

| 姓　　名 | | 所教学科 | | 教　龄 | |
|---|---|---|---|---|---|
| 目　　标 | | | | | |
| 思　　路 | | | | | |
| 主要措施 | | | | | |
| 必读书目 | | | | | |
| 选读书目 | | | | | |

3. 分享读书心得

阅读活动的深入推进不仅需要有好书可读、有制度促进，还要给教师提供交流与分享的平台与机会。同时，思想是需要碰撞的，只有在交流碰撞中思想才能得到提升。一种思想加另一种思想就会产生很多思想。如何使读书活动更有效益？学校努力搭建各种交流平台，一方面使教师在有限的时间里有更大的收获，另一方面使教师不同的收获得到充分的交流和碰撞。

（1）小组共读

学校的每个教研组根据学校的读书活动方案，制定了教研组的读书计划。每一个月，教研组长都会组织教研组的教师举行一次读书沙龙，交流这个月里自己的读书收获和体会。这样的安排，扩大了交流面，同时也对教师的读书情况进行了隐性的督促，使读书活动真正落到了实处。这样的读书沙龙，还促进了学校学习型教研组的建立，可谓是一举两得。各教研组还开展图书漂流活动，将自己组内选择的好书与另外一个组进行交流阅读，让更多的人看到更多的好书。

（2）朵朵讲坛

教师阅读行动开展以来，教研组就依次推荐出一名代表，在学校每周的教师大会上交流自己的读书体会，向其他教师推荐好书。近年来，学校先后有20多位教师走上朵朵讲坛，在全校政治学习中与教师交流读书心得，推荐好书，如《我的阅读观》《活法》《心平气和的一年级》《优秀是教出来的》《赏识你的学生》《这样做，教师更幸福》等。这样的交流所花时间不多，却拓宽了全校干部教师的视野，激发了干部教师读书的积极性和主动性，同时扩大了交流碰撞的范围。

（3）阅读沙龙

读书的过程，就是思想得到历练、提升的过程。而每个人在读书的过程中的收获和体会是不一样的。于是，在充分调研教师关注热点的基础上，学校开展了“教师的修养”“教育的理想”“课程整合”“身心修养”等主题读书交流活动，使教师将读书与行动紧密地结合起来，做到“读以致用”。

（4）网上研讨

学校充分发挥网络的作用，依托区“教育名著伴我行”读书活动办公室在九龙坡教育网站上开辟的读书活动论坛栏目和学校网站的办公平台以及老师的QQ群等，打破时空的限制，利用网络这一便捷的平台，进行及时、广泛的交流，使读书活动走向深入。

通过教师阅读活动的全面深入开展，教师及时了解教育最新动态，更新教育观念。例如，教师通过阅读课程相关理论，其课程理念得到了更新，进而更好地推动了课程整合工作。教学方式也得到了不断的改进，对话课堂、小组合作学习已成为学校课堂教学的常态。曾子芸、伍丽霞老师在全区阅读交流活动上作交流发言，吴晴漪老师被评为区“书香教师”。丰富多彩的师生阅读活动让校园浸润“书香”，让教师提高了专业素养，让学生拓宽了知识面，为师生可持续发展奠定了良好的基础。

（二）高新实验一小教师阅读节

在每年4月23日“世界读书日”，高新实验一小的读书节活动就正式开始。教师根据自己的阅读喜好和阅读理念，组成了四个读书团队，成立了“品书香、美自己”“三原色”“健美之韵”“重走青春　重读童真”四个书社；年级组及教研组组建了“读书小家”。每个书社或“读书小家”不定期地开展各式各样的读书沙龙活动。下面就是高新实验一小全体教师阅读朱永新《新教育》的展示交流与分享活动的一个片段。

首先，主持人向每位教师分发一个其貌不扬的小橙子，然后相互交换，再问手中有几个橙子。回答肯定是一个。接着主持人说道：“一位哲人说过，你有一个苹果，我有一个苹果，我们交换以后还是一个苹果。但你有一种思想，我有一种思想，交流后就有两种思想，还有可能因相互撞击而相似、匹配、耦合或者相反产生另一种新思想。”

接着根据书中的章节，全校教师被分为以色列、匈牙利、印度、英国、俄罗斯、德国、中国等七个独具特色的交流小组。这些用来给小组命名的国家可不是随意选取的，这些国家都拥有源远流长的阅读传统和特色，如以色列、匈牙利的国民是最爱读书的，英国是世界上书店最密集的国家，俄罗斯图书馆数量排名世界第一……由此可见，读书是一个民族振兴崛起的希望和捷径。

随后七个交流小组进行“大使出访”活动，将本组交流的感悟和收获、摘抄与概括写在大白纸上，并带着这些成果到其他组进行交流分享。句句经典语录、点点思维火花无不令人欣喜。教师们一个个或深有同感，或如获至宝，或恍然大悟，或即兴问答辩论。难怪有人说一个苹果两个人分享每人只有一半，而一种思想两个人交流却能产生更多的思想火花。

接下来是“角色扮演”环节。教师们扮作朱永新教授，答记者问。一个个颇有深度的提问，一次次巧妙智慧的答辩，赢得其他教师的阵阵掌声。

最有趣的莫过于“我将这样当校长”环节。教师们模拟校长身份，对学校的发展献计献策，将“新教育”与我校“美的教育”相结合，从学校宏观发展谈到微观管理，从学科建设谈到教育科研。在思维的碰撞过程中，教师们从“初当校长”的心虚羞涩转变为颇有见地的侃侃而谈。教师们独特的视角、创新的解读，不时引来学校领导的连连赞赏。

交流活动结束时，秦校长的总结将整个读书活动推向了高潮。秦校长语重心长地说：“教师要热爱读书，做学生的好榜样，用实际行动去感染学生，用阅读的智慧引领自身专业发展，促进教育教学水平的提升。相信‘美的教育’在‘书香’的滋润下，一定能绽放出更美丽的花朵……”

一个人的精神发育史，应该是一个人的阅读史，而一个民族的精神境界，在很大程度上取决于全民族的阅读水平；一个国家谁在看书，看哪些书，决定了这个国家的未来。作为培养祖国下一代的教师，其阅读什么、阅读多少，关乎着国家的发展、民族的复兴。

（三）中国教育报2013年度推动读书十大人物——陈瑜

2011年12月，当过中小学教师、教研员并在县教委和重庆市教委工作过的陈瑜，出任重庆市九龙坡区教委主任。多年的教育生涯使他深刻地认识到，教育活动中有一些元素是至关重要的，如果这些基本元素缺失了，那么教育必定是有缺陷、有硬伤的。两个月之后，他在九龙坡区做的第一个教育工作年度报告中明确提出了要着力调绘“爱心、书香、理性”的九龙坡教育“三原色”，并将“书香校园建设”作为重要突破口和切入点。

随后，由他直接推动完成的一份近2万字的《九龙坡区教师阅读调查分析报告》让他心情复杂：仅有26.1%的教师选择阅读作为主要消遣方式，排在看电视电影、外出旅游、体育锻炼之后……推动教师阅读势在必行。在陈瑜的直接策划下，2012年11月，九龙坡区正式启动实施“修远行动·教师阅读计划”，有目的、有步骤地组织和推动全区6000多名教师开展读书活动。

陈瑜主导制定了《九龙坡区教育系统“修远行动·教师阅读计划”实施方案》，成立了由他亲自担任组长的领导小组，聘请21位市内外知名专家组成专家指导组，并建立起一系列保障制度，将全区70多所学校的实施情况纳入年度综合目标考核，将教师阅读情况纳入继续教育的重要内容和管理体系，加大学校图书室建设和图书配置力度。

陈瑜采取了一系列措施推动教师阅读计划的深入实施，不仅为全区教师推荐了130种阅读书目，还收集名家学者关于阅读的论述，编印了《卓越，从阅读起步》一书，发给全区所有教师，解决认识问题；将“书香校园建设”作为九龙坡区与中国教科院共建教育综合改革实验区六大实验项目之一，首批项目学校有22所；举办“九龙教育大讲堂”、读书沙龙等活动，通过专家引领、相互切磋等方式提高教师的阅读水平；举办全区青年教师素质大赛，设置“理论考试、讲课比赛、专家答辩”三个环节，开展“书香校长”“书香教师”评选活动，督促广大校长和教师真正行动起来。

陈瑜还将教师阅读计划向学生和家长延伸，又先后实施了学生全科阅读计划和家长教育行动计划。如今，九龙坡区的教育生态正在发生深刻变化。陈瑜认为，教育生态的改变才是最为重要的改变。他坚信，只有在一个健康的、积极的、本真的教育生态里，青少年的健康成长才会真正成为现实。

（四）中国教育报2014年度推动读书十大人物——舒晓玲

重庆市九龙坡区谢家湾（金茂）小学有这样一个远近闻名的“私人图书馆”——两个书柜里摆放着1000余本各种类型的图书，柜子没有上锁，老师和学生可以随时借阅。这个“私人图书馆”的主人就是该校的语文老师——舒晓玲。

六年前，舒晓玲来到现在这所学校，当时班上50%以上的学生是农民工子女。不少父母由于文化水平低、手头不宽裕，根本顾不上学生阅读的事。学生阅读之路起步艰难。

为了让学生有书可读，舒晓玲开始自己掏钱购书，从第一本绘本开始，几年时间积累出了这样一个小小的“私人图书馆”。六年来，每个清晨，她和孩子们一起诵读经典；每个午后，她和孩子们一起静心阅读；每个周五，她和孩子们一起分享心得。《爱心树》《石头汤》《夏洛的网》……一本本图书因为她的朗读走进了孩子们的视野。经过她长经年累月的引领与陪伴，孩子们踏上了阅读之路。

几年来，舒晓玲和孩子们共读图书200余本，每学期生成读书笔记生均1.5万余字。在她的引领和指导下有的学生写出了上万字的小说，有的家庭添置了书柜……在她的阅读理念影响下，学校大力建设书香校园，建设了“图书室—开放书吧—班级图书角”三级阅读区域，开设了专门的阅读课程，编印了专门的阅读读本《主题诵·读》……

2012年，九龙坡区教委全面推进“修远行动·教师阅读计划”和“学生全科阅读计划”，舒晓玲的阅读理念和阅读故事得到更广泛的关注，不少学校邀请她交流经验。现在，区教委授牌成立了“舒老师工作室”，推动全区师生阅读活动深入开展。

“阅读是最好的教养。”舒晓玲说，“从阅读的功能来讲，阅读能积累语言、滋养心灵、完善人格，还能发展学生的表达能力。对学生而言，阅读又是最经济、最有效的教育和培养。”

舒晓玲就是一棵率先摇动的树，她必将扬起带着书香的轻风，撒下阅读的种子，滋养起一片阅读的森林。

# 第二节

# “修远行动 · 学生全科阅读计划”的实施

2013 年 10 月 17 日，九龙坡区教育系统正式启动“修远行动 · 学生全科阅读计划”。计划实施过程介绍如下。

## 一、 实施学生全科阅读计划的目的、 基本原则

### （一）实施学生全科阅读计划的目的

1. 激发学生的阅读兴趣

遵循阅读规律，加强趣乐性和践习性，不断强化学生阅读的动机。创造成功阅读的机会，强化阅读的愉悦体验，使“乐读书、多读书、读好书”逐渐成为学生的日常行为，增长学生终身学习的发展后劲。

2. 培养学生自主阅读的能力

通过转变学习方式，拓展阅读内容，完善阅读条件，构建全科阅读课程体系，开展多种形式的阅读行动，打破课内课外的界限，打破学科之间的界限，帮助学生掌握阅读的方法和规律，使其学会搜集、处理、接受信息，提升自主阅读的意识和能力，养成阅读习惯，真正成为阅读的主人。

3. 提高学生的整体文化素养

坚持不懈地开展阅读行动，引导学生在大量的阅读中，认识世界和自我，培养思辨与求真的能力，陶冶美的情操，追求至善的品质，提高服务国家人

民的社会责任感。

4. 培养学生的创新精神

开展丰富多彩的阅读行动，不但要丰富学生的视野、开拓学生的思路、培养学生的情感和思维能力，更要激发学生的想象力和创造力，培养其勇于探索的创新精神和善于解决问题的实践能力，进而达到实施素质教育、培育创新人才的最终目的。

### （二）实施学生全科阅读计划的基本原则

1. 全科性原则

把文学性阅读与学科性阅读、生活性阅读结合起来，注重阅读内容的全面性和多样性，克服纯文学性阅读倾向。围绕学科本体性知识，选择相关阅读内容，开发适合学生全面发展的阅读课程。

2. 趣乐性原则

“知之者不如好之者，好之者不如乐之者。”兴趣是最好的老师，是人们从事任何活动的动力。开展学生全科阅读行动要把培养阅读兴趣放在第一位。采取各种措施，创设愉悦的阅读氛围，充分激发和培养学生的阅读兴趣，实现阅读兴趣向学习兴趣的迁移，让学生产生愉悦的求知体验并逐步形成好学、善学、乐学的优良品性。

3. 养成性原则

开展学生全科阅读行动，要根据学生年龄特征，确定不同的阅读目标，选择合适的阅读内容，教给切实可行的阅读方法，让学生在有序有效的阅读和成功的体验中养成阅读的良好习惯。

4. 持久性原则

学生全科阅读计划是“倡导全民阅读，建设书香社会”的重要组成部分，是一项关乎学生素质和国家未来的事业，必须长期坚持，不能时冷时热。

## 二、 实施学生全科阅读计划的过程与主要措施

### （一）实施学生全科阅读计划的过程

1. 启动阶段（2013 年 9 月—10 月）

九龙坡区教师进修学院组织开展全区学生阅读现状调研，研究制定并印发《重庆市九龙坡区教育系统“修远行动 · 学生全科阅读计划”实施方案》，筹备、召开九龙坡区实施学生全科阅读计划启动大会。各学校组织广大教师

认真学习有关文件和会议精神，全面准备具体实施学生全科阅读计划。

2. 实施阶段（2013年10月—2015年10月）

各学校按照《重庆市九龙坡区教育系统“修远行动·学生全科阅读计划”实施方案》的精神，结合本校实际，研究制定学生全科阅读计划，确定阅读目标，选择并充实阅读书目，完善图书馆（室）建设和学生阅读的相关制度，有序组织开展形式多样的阅读活动。制定班级学生阅读计划和评选“书香班级”“书香学生”制度，有效推动学生全科阅读活动深入发展。

3. 总结阶段（2015年11月—12月）

全面总结实施学生全科阅读计划的经验，编写学生全科阅读故事集。班级和学校均认真总结在此项工作中取得的成绩和经验，评选出“书香班级”和“书香学生”，完善学生全科阅读档案资料。区教委对各学校开展学生全科阅读的状况进行科学评价，提炼、推广一批经验成果，评选、表彰一批先进典型。

### （二）实施学生全科阅读计划的主要措施

1. 课程设置：让阅读成为常态

（1）保证学生阅读书源

学校按照《中小学图书馆（室）规程（修订）》和各学科课程标准中规定的人均藏书量（小学15册，初中25册，高完中45册；报刊种类：小学40种，初中60种，高完中100种；工具书、教学参考书种类：小学80册，初中120册，高完中200册）的要求，配置足够数量的高质量的图书，并保证每年新增图书比例不少于藏书标准的1.5%。各学校继续加强学校图书馆（室）建设和管理，充分发挥其作用；继续认真做好出借工作，让学生自由选择喜爱的图书；做好新增图书及时上架与推荐介绍工作。各班级建立并完善班级图书角，不断扩充图书数量，逐步完善图书角管理，发挥其补充作用。各科教师做好优秀读物的推荐工作，鼓励学生及其家长购书并设立“家庭图书室”。在书源保证的前提下，各科教师做好好书推荐工作，明确各学段的必读书目和选读书目，让学生在有限的时间内读到更多的好书。

（2）开设阅读课程，确保阅读时间

一是各学校根据实际情况在课程计划内每周至少开设一节阅读课，探索并构建读物推荐课、阅读指导课、阅读欣赏课、读书汇报课等基本课型；二是让阅读进入各学科课堂，改变课堂结构，改变教学方式和学习方式，丰富课堂的知识结构和文化内涵。

（3）坚持十个“结合”，确保阅读效果

一是坚持阅读与课程相结合；二是坚持阅读与教学相结合；三是坚持阅读与表达相结合；四是坚持阅读与思考相结合；五是坚持主题阅读与自由阅读相结合；六是坚持自主阅读与合作阅读相结合；七是坚持阅读与小课题研究相结合；八是坚持纸质阅读与电子阅读相结合；九是坚持阅读与校园文化建设相结合；十是坚持校内交流与校外交流相结合。

2. 环境营造：建立多层次的阅读共同体

一是建立家校共同体，制定家校阅读计划，将课内阅读与课外阅读相结合、学校阅读与家庭阅读相结合；二是建立师生阅读共同体，鼓励师生同读同享；三是建立校际阅读共同体，适时开展校际间阅读交流和展示活动。

3. 多元发展：方式方法重实效

(1) 尊重多元发展，尊重自主选择

要帮助学生处理好两个关系：一是阅读与阅读能力提升之间的关系；二是阅读能力提升与学习成绩提升的关系。避免因为阅读的开放性和随意性，导致学生能力的平面滑行和思维的散漫无序。

(2) 采用“五型多元”阅读方式，使阅读更有实效

引导学生开展积累型阅读、鉴赏型阅读、仿创型阅读、评价型阅读、研究型阅读，并从阅读范围、阅读目的、阅读指导等方面帮助学生提高阅读水平。(见表5－2)

**表5－2　“五型多元”阅读方式**

| 阅读类型 | 阅读范围 | 阅读目的 | 阅读指导 |
|---|---|---|---|
| 积累型阅读 | 科普类读物 | 提取信息、启迪思维、学会求真 | 提取、整合、归纳信息，积累知识 |
| | 诗词曲赋类<br>名言警句类<br>名人故事类 | 积累素材，丰厚学养，学会尚美 | 分类梳理、理解记忆、日积月累 |
| 鉴赏型阅读 | 文学类读物 | 学会鉴赏，丰厚学养、学会向善 | 品读言语意味，进行画面想象，理解思想感情，鉴赏表现手法 |
| 仿创型阅读 | 范式类读物 | 依托范式，仿造延展，学会创新 | 把握范式的结构和特质，仿创结合，以仿促创 |

续表

| 阅读类型 | 阅读范围 | 阅读目的 | 阅读指导 |
|---|---|---|---|
| 评价型阅读 | 人文类读物 | 启迪人生，学会评价，学会向善 | 依据读物信息，理解分析，综合提炼，评价现象、思想、观点，引发人生思考，锻铸人格魅力 |
| 研究型阅读 | 专题类读物 | 会做课题，学会研究，学习创新 | 设置研究问题，分析综合、概括提炼，进行专题探究 |

4. 编写读物：内容方式成果化

（1）建立“全科阅读”学科读物编写小组

区教研员牵头，遴选各个学科的优秀教师，组建“全科阅读”学科读物编写小组。

（2）编写“全科阅读”特色读本

以阅读内容主题式、阅读方式多元化为原则，编写《九龙坡区中小学“全科阅读”读本》，为“全科阅读”的全面开展提供条件。

5. 阅读反馈：阅读行动持续化

建立阅读反馈系统，利用专业工具和方法，定期对学生进行阅读指数和阅读素养的测评，力争对学生阅读效果进行切实的把控；完善“全科阅读”的措施，逐步达成“全科阅读”的目标，提高“全科阅读”的效果和质量。

## 第三节

# 家长教育行动计划的实施

2013 年 11 月 17 日，九龙坡区教育系统正式启动“家长教育行动计划”。计划实施过程介绍如下。

## 一、实施家长教育行动计划的背景与目的

2010 年 2 月，全国妇联、教育部、中央文明办、民政部、卫生部、国家人口计生委、中国关工委等七部委联合印发《全国家庭教育指导大纲》，阐明了家庭教育的指导原则和保障措施，重点是分年龄阶段给出了具体的指导内容和要求。2012 年 3 月，七部委再次联合印发了《关于指导推进家庭教育的五年规划（2011—2015 年）》，提出了这五年推进家庭教育的十个方面的具体目标任务。

2012 年，九龙坡区教委提出了九龙坡教育的核心理念——“人人教育”，认为教育最本质的关系是人与人的关系。“人人教育”就是面向每一个人的教育、面向人的每一个年龄阶段的教育；就是真正把学生作为人来对待，对人性多一些尊重、多一些敬畏；就是一个灵魂对另一个灵魂的唤醒与牵引，一个生命对另一个生命的濡染与塑造；就是要把人培养“成为一个人”。而“家长教育行动计划”，就是希望家长真正参与孩子的教育工作，教育并引导家长改变教育观念，改善家庭关系，提升家庭教育实效，形成学校、社会、家长三位一体的教育合力，共同把学生培养“成为一个人”。

## 二、实施家长教育行动计划的措施

2013 年 11 月 17 日，九龙坡实验区“家长教育行动计划”正式启动实施。重点落实以下十项措施：建立健全“家长委员会”、创建“家长同学会”、建立和办好“家长学校”、开展“千名教师访万家”活动、开展“万名家长进课堂”活动、举办家长教育系列活动、培养家庭教育专业队伍、开展“家校合作共育”课题研究、组建家长教育专家指导组、加强考核与评价工作。

### （一）搭建家校共育的三个推进平台

一是搭建议事平台——建立健全至少两级家长委员会。区教委出台《关于印发〈九龙坡区教育系统家长委员会设置与管理办法（试行）〉的通知》（九龙坡教办〔2014〕24 号），要求区内学校建立健全校级、班级甚至年级的家长委员会。文件明确了家长委员会的宗旨、具体组织原则和组建方法，明确了家长委员会的具体职责、权利和义务，同时明确了相关的具体保障措施。

二是搭建培训平台——中小学规范设立家长学校。区教委出台《关于印发〈九龙坡区教育系统家长学校设置与管理办法（试行）〉的通知》（九龙坡教办〔2014〕25 号），要求区内学校建立健全家长学校。文件明确了家长学校的性质、举办主体（责任主体）、组织章程等，明确规范取名细则，明确规定家长学校的职责和保障。

三是搭建交流平台——班级层面建立家长同学会。区教委出台《关于组建家长同学会的通知》（九龙坡教办〔2014〕26 号），要求区内学校以班级为单位建立家长同学会。“孩子同班，家长同学。”家长同学会是通过班级纽带建立的群众组织，主要让家长在活动中学习家庭教育知识、交流家教经验、讨论教育疑难问题、切磋家教技巧、组织团体家教活动等。

### （二）开展“千名教师访万家”“万名家长进课堂”活动

为了把“家长教育行动计划”常态化，区教委落实了两项具体工作措施。一是开展“千名教师访万家”活动，二是开展“万名家长进课堂”活动，让教师实地家访和家长走进校园成为常态。

倡导教师实地走访学生家庭，深入了解学生家庭情况，共同制定有利于儿童成长的教育措施。各学校把实地家访作为教师指导家庭教育的重要途径，并作为考核教师工作的重要内容。

倡导学校定期举行家长进校园活动，如举办“开放日”“教学开放周”“家长进课堂”等活动。设立“校长接待日”“家长热线”，改进“家长会”的举办方式，认真听取家长对学校工作的意见和建议，解决家长的困惑、难题，及时化解家校之间的误解和矛盾。让家长了解学校工作和学生在校的情况，密切家校关系，争取家长更加关心学校、支持学校。

### （三）多途径开展系列专题培训，提升专业素质

2013 年 12 月 15 日—21 日，九龙坡区选派 26 名校级干部和家长教育专干到北京参加国家教育行政学院举办的第三期全国家长学校建设研修班培训。2014 年 8 月 17 日—23 日，九龙坡区又选派 55 名校级干部和家长教育专干到北京参加国家教育行政学院举办的第四期全国家长学校建设研修班培训。至此，区内每所学校都有教师参与过家长教育方面的培训。

校长是“家长教育行动计划”能否深入实施的关键。2014 年 1 月 9 日—12 日，九龙坡实验区邀请著名家庭教育专家团队对全区所有 75 名中小学校长，分中学、小学两批进行了体验式培训。校长们转变了家长教育的观念，深刻理解了实施该计划的意义。同时，这次培训也为该计划在全区教育系统

的全面实施扫清了学校决策层方面的障碍。

2014 年 2 月，九龙坡区对首批重点推进学校的班主任与家长委员会主任（共计 700 余人）进行了家长教育行动计划专题培训，在一定范围内进行了计划实施的普及性培训造势。2014 年 2 月—4 月，从全区所有 75 所学校遴选出的 153 名骨干教师参加了系统培训，两名全国知名专家采取体验方法对这批教师进行了实践性培训。经过系统培训的部分骨干教师组成了家长教育讲师团，目前人数已经增至 60 余人。为了让所有经过培训的骨干教师发挥作用，2015 年，九龙坡实验区成立区级“家校共育研究中心”，扩编了家长教育讲师团规模，每月进行教学督导，每周开展常态研训活动。接受系统培训的 153 名骨干教师分成 8 个服务小组，面对全区学校提供“爱心教育”整合课程执教服务。

（四）多层面开展系列专题活动，倡导实践行动

第一，采用报告会、家长轮训等方式引导家长参与家校共育。家长队伍是一个庞大的社会群体，家长对教育活动的科学参与，对于提升家校共育质量起到重要作用。该计划启动后，九龙坡区组织专家学者举办全区报告会，并组成报告团举行巡回报告会。报告团分赴各中小学校开展家长教育巡回报告 100 余场次，受众面广。举办家长轮训，邀请著名家庭教育专家团队对 12 所学校的家长进行了两轮培训，反响热烈。

第二，引导学校开设“爱心教育”整合课程，让家长、学生参与体验互动式培训。该课程是由家长教育专家团队和家长教育骨干教师为各学校学生家长量身打造的“家长教育行动计划”整合课程。该课程整合了班队会课、品德与社会等课程，共包含 20 个主题，每次培训上一个主题。每个主题的“爱心教育”整合课程包含一节学生课和一节家长课，或者是家长和学生一起参加的亲子课，每节课时为 1. 5—2. 5 个小时。

第三，编印《幸福家庭成长记录册》和《家长手册》。区教委编印《幸福家庭成长记录册》（幼小版、初中版），目前已印发了 1 万余册，全区 187 个试点班级的家长从书中获益。通过为期 60 天的强化协作训练，帮助家长和孩子调整家庭关系，促进孩子养成良好的学习和生活习惯。编印《家长手册》11 万余册，免费赠送给区内所有中小学、幼儿园的学生家长和教职员工，保证每个家庭一册，全区共同学习家庭教育新知识。家长阅读活动和亲子阅读活动在九龙坡区已成为常态。

第四，区教委召开家长教育行动计划推进会，并将实施家长教育行动计划情况纳入办学目标综合评价中，加强督导评估，保证该计划的实践效果。

## 三、九龙坡教育生态的微变化

一年多来，通过实施家长教育行动计划，九龙坡教育发生了一系列微变化。

（一）教师教学行为微变化，教育方式不断更新

分批集中培训点亮了教师们热爱教育的心灯，很多教师感言“培训让我的教师生涯重新开始”。参加过培训的干部教师回到学校后，充分发挥示范带头作用，带着爱心与微笑创造性地开展工作。家长教育讲师团成员在开展“爱心教育”整合课程中发挥了巨大的作用。

（二）学校教育管理微变化，家校共育更加和谐

各中小学校都启动了家长委员会章程建设，将家长和社会力量融入学校教育管理。全区各中小学校全部建立了校级、班级两级家长委员会，规模较大的学校还建立了年级家长委员会，实施民主管理。绝大部分班级组建了家长同学会，建立了班级QQ群，亲子体验活动实现常态化。高新实验一小、红光中学等6所学校开展了家校共育国家级课题子课题专项研究。如今，“家长学校”成为家长们获取家教知识、提高家教水平的重要学习平台，“家长委员会”成为家长们了解学校信息、参与学校管理的重要议事平台。

（三）家长教育水平微变化，家庭幸福感不断提升

目前，全区超过20%的家长参与过体验式培训，参加过培训的家长从内心领悟到家庭教育的真谛，深刻认识到“爱”对于孩子成长的至关重要性，学会了家庭教育的方法与技巧。培训使更多的家长懂得了什么叫爱孩子、怎样关爱孩子。区实验一小以“家风”教育活动为重点，以良好的“家风”“家教”去影响和熏陶孩子，家长与孩子的幸福感明显增强。

（四）九龙坡教育生态微变化，协同育人氛围逐渐浓厚

实施家长教育行动计划，有效改变了校长的精神状态、教师的工作状态、学生的成长状态、课堂的呈现状态、学校的发展状态和家庭教育状态，九龙坡教育生态正在发生变化。过去学校开家长会，隔代长辈参会现象相当普遍；如今的家长会，父母亲自参会率明显提高。在很多学校，我们还可以看到家

长志愿者的身影，许多家长自发到学校参与集体活动，自发参与和服务学校教育管理，铁路小学的黄桷义工已成为学校的一道风景线。从信访情况来看，教育投诉明显减少。在社区活动中，家长参与文体教育活动的积极性空前高涨，社会重教支教的氛围逐步增强。

家长教育行动计划同时得到了各级领导的重视、关心和支持。市教委、市教科院、市教育评估院领导和专家多次到九龙坡区指导。《人民日报》《光明日报》《重庆日报》《重庆时报》《新家长报》、人民网、新华网、中国日报网、华龙网等多家新闻媒体予以宣传报道。这些关怀和帮助，将进一步促进家长教育行动计划的深入开展，让当前的各种微变化汇集成九龙坡教育的大变化，推动区域教育健康快速发展。

第六章

# 区域教育综合改革实验成果

经过近三年院区合作共建，九龙坡教育综合改革实验区按照既定目标任务，务实推进各项工作，有效提炼了区域教育综合改革经验，促进了区域教育质量的全面提升，推进了区域教育事业的健康发展。

# 第一节
# 区域教育综合改革的基本经验

经过近三年的院区合作，九龙坡实验区在推进区域教育综合改革中积累了一些实践经验。

## 一、党政领导高度重视，直接领导并参与教育综合改革实验

近年来，重庆市九龙坡区委、区人民政府高度重视九龙坡教育发展，先后出台了《关于加快教育强区建设率先实现教育现代化的决定》等教育“1+6”配套文件，加大教育投入，鼓励建设配套学校，大力发展职业教育，加快发展基础教育，加大教师培养力度，加快发展社区教育，力争率先实现教育现代化。

为了高位策动九龙坡教育发展，2012年6月，九龙坡区委、区政府与中国教科院签署了合作共建协议，九龙坡区成为中国教科院合作共建的第六个“教育综合改革实验区”。合作双方按照“院区共建、整体推进、科研引领、创新发展”的指导方针推进实验区建设。区委、区政府高度重视实验区建设工作，区长、副区长多次与中国教科院相关领导、驻区专家组举行院区座谈会，共商发展，谋划策略。

## 二、先行做好整体架构与宏观规划工作

为了找准九龙坡区教育改革与发展的关键点和着力点，区教委在市教委

的悉心指导和区委、区政府的坚强领导下，在驻区专家组的指导下，坚持以科学发展为指导，深入贯彻落实《国家中长期教育改革和发展规划纲要（2010—2020年）》，以率先实现教育现代化为总体奋斗目标，以合作共建“教育综合改革实验区”为契机，全面实施“品质课堂、卓越学校、现代教育”三大发展战略，着力构筑“人文、科学、民主”的九龙坡教育“三支点”，着力描绘“爱心、书香、理性”的九龙坡教育“三原色”，着力形成“公平、个性、卓越”的九龙坡教育“三特质”，加速推进区域教育现代化、现代教育多元化、多元教育个性化、个性教育卓越化，努力把九龙坡建设成“品质课堂集成带、卓越学校旗舰地、现代教育示范区”。

## 三、高度重视教育文化体系的构建

文化是学校的血液，是流淌在校园里的一种精神，这种精神既能自然外显，又能自然内隐。区教委高度重视教育文化体系的构建，以国家级课题“西部区域基础教育现代学校制度建设的实践研究”中的现代学校文化制度板块的课题研究为载体，构建学校文化体系，彰显学校文化特色，凸显学校文化力量，指引学校卓越发展。

在文化体系构建过程中，区教委主要领导领衔架构区域教育文化体系，鼓励学校架构具有学校特色的文化体系。目前，开展现代学校文化制度研究的9所学校均制定了学校文化战略纲要，部分学校的文化战略纲要已经正式出版。

## 四、开展诊断指导，提升教育指导、决策、执行、评价的科学化水平

近三年来，驻区专家走访学校数百次开展调研指导，帮助学校和教师分析问题、增添或优化改进措施。在驻区专家组的指导和协助下，我们开展了普通高中师生新课程适应性调研、中小学随迁儿童学校生活适应性测量调查、全区教师阅读状况调查、特色高中建设调查、中学学困生现状调查、中小学课程体系建设现状调查等一系列调研活动。驻区专家还执笔撰写了《九龙坡区教师阅读调查分析报告》《实验区“六大项目”实施方案》《关于全面推进中小学校课程体系建设的指导意见》《九龙坡区中小学课程实施现状调研报

告》等大量重要文件，有效地促进了教育决策科学化。

## 五、以教育工作者队伍建设为根本，夯实教育发展基础

### （一）统筹规划教育工作者专业化发展

高素质的教育工作者队伍是教育发展的基石。长期以来，重庆市九龙坡区高度重视教育工作者队伍建设。教育工作者队伍包括教育公务员队伍、校长队伍、教师队伍、教研员队伍、科研员队伍、督学与监测队伍。区教委坚持以人为本的原则，采取激励、鼓舞与唤醒的策略，为每一位教育工作者提供了广阔的、多样的发展舞台，做到了尊重人性、发展人才。

### （二）实施“校长教师职业发展培训项目”

近三年来，区教委组织干部教师赴清华大学、北京师范大学、华东师范大学、国家教育行政学院、西南大学等知名高校参加高级研修培训项目 30 多个，组织开展教师教育信息化管理培训、校长岗职培训、校长提高培训、校级干部“课程领导力”培训、德育主任培训、电子白板骨干教师培训等区域层面专题培训项目 50 多个，培训干部教师 12000 多人次。

### （三）开展“九龙杯”青年教师素质大赛

2013 年以来，区教委组织开展了两届青年教师素质大赛，全区共有 2283 名青年教师报名参赛。大赛分为专业知识笔试、赛课、专家答辩三个阶段，评出综合素质一等奖 44 人、二等奖 76 人。青年教师素质大赛是对全区青年教师的一次大检阅。一方面，大赛激励了青年教师的成长，促进了教师综合素质的提高；另一方面，大赛也为区未来教育家培养工作初选了人才。

### （四）实施“教育家成长培养工程”

区教委从中小学遴选了 68 名优秀青年骨干教师作为“教育家成长培养工程”培养对象，分别制订了个人成长规划，通过学员自主研修、赴北京师范大学参加高级研修、导师引领等方式，努力培养一批理论与实践并重、教学与科研兼备、能引领区域教育实践并在全国教育界有影响力的未来教育家。

### （五）施行“校长挂职研修工程”

区教季选派 12 名中小学校长（书记）分赴杭州市下城区、大连市金州新

区的一流名校进行为期一周的挂职学习，组织教育信息化骨干教师到深圳市南山实验学校学习考察一周。区教委同时组织区内中梁山以东的学校选拔后备干部到中梁山以西的学校挂职锻炼一年。

（六）举办“九龙教育大讲堂”

先后邀请魏书生、孙云晓、闫学、凌宗伟等一批知名专家到“九龙教育大讲堂”做学术报告。同时，组织区内学校校长、优秀教师代表定期举办讲座。

（七）建立名师工作室

为进一步加强教师队伍建设，为广大教师的专业成长和素养提升搭建平台，推动全区教育事业又好又快发展，区教委建立了名师工作室。区名师工作室管理办公室和区名师工程领导小组经过严格审核，确定了钟及龙、江涛、蒋元斌、祝传武、吴家平、隆国贵、刘敏、赵晓岚8位名师工作室主持人和杨玉春等51位名师工作室成员。

名师工作室自成立以来，积极开展教育教学研究，总结教育教学经验，充分发挥示范、引领、辐射作用，极大地促进了全区中小学名教师队伍的专业化建设与发展。

（八）加强与教育发达地区的交流力度

积极学习教育发达地区的先进经验和前沿成果，组织干部教师赴上海考察未来教育项目，赴浙江学习课程体系建设，赴深圳学习现代信息技术及国际教育理念，赴青岛学习现代学校制度，赴北京学习学校文化建设。近三年来，共组织干部教师600多人次赴教育发达地区交流学习。

（九）提供菜单式的专家培训项目

中国教科院选定了18名专家组建专家团队，负责指导九龙坡区教育综合改革实验。中国教科院专家先后多批次到九龙坡区指导工作、做专场学术报告，受益干部教师达5000多人次。中国教科院还先后选派了6名专家常驻九龙坡区开展工作，驻区专家举办专题培训讲座10余次，培训科研骨干人员、学科教师2000多人次。

## 六、以教育科研为引领，以项目或课题为载体

区教委申报的国家社会科学基金“十二五”规划课题“西部区域基础教育现代学校制度建设的实践研究”是全市基础教育领域里最高层次的两个国家级课题之一。在专家组的指导下，该课题分 5 个板块由 56 个子课题承担学校扎实开展课题研究。目前，全区承担的由市教育科学规划办公室、市教育学会审批的课题 43 个，区级课题 142 个。全区以教育科研为引领，以课题研究为载体，大大提升了学校办学活力，提高了教育教学质量。全区各中小学制定了课程体系建设实施方案，构建了课程体系框架图，大部分公办中小学制定了学校章程，成立了校务委员会，部分学校制定了文化战略纲要。课题研究反哺学校发展。

## 七、推动学校课程体系建设与课堂教学改革的深度融合

全面推动学校课程体系建设，深入推进课堂教学改革，让课堂真正成为学生健康成长的快乐天地。区教委下发了《关于全面推进中小学校课程体系建设的指导意见》，区教师进修学院配套下发了《关于全面推进中小学课程体系建设的实施方案》。各中小学积极探索课程体系建设并取得了阶段性成果，部分学校建成了科学、高效、个性化、有特色的学校课程体系。24 所中小学初步构建起学校课程体系的基本框架。谢家湾小学构建了学科课程、社团课程、环境课程三类一体的“小梅花”课程体系，2014 年 4 月 7 日中央电视台《新闻联播》以“谢家湾小学课改：一次艰难的探索”为题，播出该校的课改情况。

深入开展品质课堂建设。通过广泛研究和论证，驻区专家组和项目工作组明确了品质课堂的六要素，即专业性、全然性、趣乐性、思辨性、践习性、化成性，研制出品质课堂建设实施方案、学科实施细则和评价标准、学科教学评价量表，为教师深化课堂教学改革指明了方向和路径。组织品质课堂学科带头人研修班学员开展英式的“以学生为中心教学法”的基础和提高培训，动员学校开展多种形式的校本培训，提升了教师的教学力。坚持骨干引领、资源共享，充分发挥名师工作室及名特教师、市级骨干教师的引领和带头作用，全面推进品质课堂建设。九龙坡区成功承办全国高质量课堂展示活动。2014 年，九龙坡区教学成果获首届国家级基础教育教学成果二等奖 2 项，获

重庆市政府教学研究成果奖一等奖 2 项。实验区出版课改专著 24 本，发表论文 156 篇，开发校本教材 59 本。在教师技能大赛中，获全国特等奖 2 人、一等奖 30 人，获市级一等奖 51 人。

### 八、推动未来学校建设，把教育工作者的观念引向未来

九龙坡区 44 所学校积极申报参加“中国未来学校创新计划”，高新实验一小申报打造未来学校示范校，区实验一小、铁路中学等 10 所学校申报打造未来学校项目校，32 所学校申报加入未来学校联盟。这些学校将充分利用中国教科院相关教育资源，加强与芬兰等欧盟国家未来学校的交流与合作，因校制宜打造未来学校。

## 第二节
## 区域教育综合改革的主要成效

近三年来，在区委、区政府的高度重视下，在中国教科院驻区专家组的直接指导下，全区教育工作者在“人人教育”理念下，实施“品质课堂、卓越学校、现代教育”三大发展战略，构筑“人文、科学、民主”的九龙坡教育“三支点”，调绘“爱心、书香、理性”的九龙坡教育“三原色”，形成“公平、个性、卓越”的九龙坡教育“三特质”，着力推进区域教育改革与发展，取得了显著成效。

## 一、制定和完善区域教育法规，引领全区教育大发展

区教委紧紧围绕九龙坡教育三大发展战略，为实现建设教育强区、基本实现教育现代化和办好人民满意教育的目标，相继拟定出台了《课程体系建设指导意见实施方案》《特色工作室建设方案》《中小学学术委员会规程》《中小学学校章程》等文件，为九龙坡区中小学校迈向现代学校奠定了坚实的基础。

## 二、抓好教育教学研究，教学质量明显提升

九龙坡区大力实施“高中教育质量提升工程”，制定了《关于实施普通高中教育质量提升工程的意见》，坚持实施“12345”高三工作管理策略和“1 + N”对口帮扶制度，建立学校办学质量目标考核奖励机制。九龙坡区连续三年在高考中实现“清华、北大”上线，连续三年重点本科上线人数实现三位数增长，连续三年实现学校重点本科上线“全覆盖”，三年来重点本科上线人数增幅达 57%。同时大力加强素质教育，促进学生学习水平全面发展。2014 年 9 月重庆市教育评估院发布的《2013 年重庆基础教育质量监测结果报告》显示，在中小学生学业成就、身心健康、兴趣特长、行为习惯、学业负担状况、学生对教师的认同度、学生对课堂的满意度等 16 项指标中，九龙坡区有 6 项指标排名全市第一，其他指标均名列前茅。

## 三、深入开展国家级课题研究，区域现代化教育逐渐形成

九龙坡实验区深入开展“西部区域基础教育现代学校制度建设的实践研究”的课题研究，本课题从现代学校与政府、学生家庭、社区的新型关系以及现代学校管理制度、现代学校文化制度、现代学校课程与教学制度、现代学校发展性评价制度五方面，确定了 56 个子课题、49 个子课题承担学校。区教委印发了《“西部区域基础教育现代学校制度建设的实践研究”子课题立项的通知》，制定了《九龙坡区国家社会科学基金“十二五”规划课题“西部

区域基础教育现代学校制度建设的实践研究”的实施意见》《2014—2015年度研究工作推进方案》。以课题研究为抓手，全区开展了现代学校制度研究，通过实践研究形成了包括实验调查报告、实验研究报告、政府政策文件、专著与论文、现代学校制度汇编、案例集为主的一系列研究成果，具体包括《西部区域基础教育现代学校制度建设现状分析报告》《西部区域基础教育现代学校制度建设课题研究报告》《区域基础教育现代学校制度建设论》（专著）、《中小学现代学校文化制度纲要》（专著）、《课堂教学的价值取向与境界追求——基于重庆市九龙坡区“品质课堂”的思考》（论文）、《西部区域基础教育现代学校制度建设课题调研报告集》《西部区域基础教育现代学校制度建设内容与途径论文集》《九龙坡区中小学学校章程汇编》《九龙坡区中小学学术委员会规程》等。

## 四、扎实推进课程改革，教育改革焕发新的活力

组织320位“品质课堂”学科带头人研修班学员开展英式“以学生为中心教学法”的提高培训，动员学校开展多种形式的校本培训，提升了教师的教学力。开展区级学科主题教研活动163次，形成课改经验材料10余件，编辑《品质课堂教学课例》2册共50余万字，初步研制出《“品质课堂”学科教学评价量表》，提升了教师的创新力。立项课改课题共70多项（其中国家级课题5项、市级课题8项、区级课题60多项），开发并实施“品质课堂”校本课程，初步形成“品质课堂”建设的物化成果。谢家湾小学等22所中小学积极探索构建学校课程体系，取得了阶段性成果。全区教学成果获首届国家级基础教育教学成果二等奖2项，获重庆市政府教学研究成果奖一等奖2项，出版课改专著24本，发表论文156篇，开发校本教材59本，编辑课改画册35本，形成学科调研分析报告391篇，录制市级精品课例光盘102节。教师在全国、全市的赛课、教师技能比赛活动中，获全国特等奖2人，有30人获全国一等奖，51人获市级一等奖。

## 五、全面实施师生阅读计划，教师内涵有了显著提升

深入实施学生全科阅读计划，通过遴选中外经典名著、学科前沿文章、

美文时文以及编辑学科课程读本等方式精选阅读内容，尊重学生的不同兴趣点和阅读风格，鼓励学生多元化、多样性开展阅读活动。深入实施教师阅读计划，引导广大干部教师多读教育名著，组织“书香校长”“书香教师”表彰暨教师读书交流会，彰显阅读修德益智、优化教育环境的强大力量。《中国教育报》等媒体多次予以宣传报道。

## 六、家校共育谱写新的篇章，共育机制逐步形成

在区教委领导下，区教师进修学院拟定了《重庆市九龙坡区“家长教育行动计划”实施方案》，研制出《学校家长委员会设置与管理办法》《学生家长同学会建设指导意见》《家长学校设置与管理办法》等配套文件；配合学校全面开展“千名教师访万家”“万名家长进课堂”等十大行动计划，有效构建家校共育新型关系。

## 七、大力实施“六大项目”建设，九龙坡教育特色亮点呈现

与驻区专家组密切配合，多次开展项目联盟活动，积极推进“六大项目”，提炼项目成果。心理健康教育项目开展的“两室一厅”硬件建设、心理健康教育教师队伍建设和“因能施教”品质课堂建设实验研究均走在了西南地区乃至全国的前列。爱心教育项目研制出了《“最有爱心的教师”评选参考标准》，把教师群体爱心的培育放在项目实验工作的首位。科技教育项目积极推动科技教育校本课程和校本教材的开发运用，建立了“校外活动＋校内课程”全程覆盖模式。教育信息化建设项目开展了首届微课大赛，推进了“班班通”“组组通”“人人通”创新实践。由学校安全管理项目实验学校参编的《小学生防溺水安全教育读本》已由高等教育出版社出版，《中小学生必备生存技能训练》也由中国科学文化音像出版社有限公司出版发行。书香校园建设项目分四个年段编写了《全科阅读学生读本》，丰富了阅读形式。

## 八、创新干部教师培训方式，干部教师素养得到有力提升

积极整合各方资源，有效创新培训方式，扎实开展干部教师培训工作。组织参加清华大学创新管理高级研修班、华东师范大学校长培训班、国家教育行政学院开展家长学校建设研修培训、组织开展中小学暑假校级干部集中培训、教师教育信息化管理培训、第十九期校长岗职培训、第十三期校长提高班培训、“课程领导力”培训等区域层面专题培训，组织推荐“国培”和“市培”工作。一系列培训，改变了培训者的工作方式，提升了教师的师德师能，促进了校长的职业发展。

## 九、开展教育评估研究，教育评估监测工作打开新局面

教育评估监测工作为区域教育提供状态数据和质量信息。对全区各学校进行的问卷调查显示，家长学校、家长委员会制度建设比例分别为2.31%、98.71%，基本全覆盖。以重点项目为抓手推进教育评估监测工作。一是成功申报由区教委承担的“中小学素质教育督导评估改革试点”市级重点项目，该项目为全市基础教育（区县）10个重点改革试点项目之一，现已完成工作方案和研究方案，并成功开题论证。二是以重点项目课题“重庆市中小学学生能力评价的实践研究”为突破口，积极开展学生“阅读能力、思考能力、交流能力、实践能力、创造能力”等“五力”测试标准研究，现已初步完成维度标准设置及相应工具开发工作。对区内的2所小学120名学生进行试测，并根据试测结果调整了测评工具及测评实施方案。三是做好区域国家义务教育质量监测的各项工作，编制《九龙坡区国家义务教育质量监测实施细则》，开发并研制出了区域教育项目问卷和标准工具。一方面，初步研制出了《九龙坡区“品质教师”评选标准》和《九龙坡区中小学学生“五力”标准及工具开发》。其中，学生“五力”测评工具8套，分别是：阅读思考测评工具中学1套、小学1套，共2套；实践能力测评工具1套；交流能力测评工具1套；创造测评工具2套；实践与交流能力测评工具2套。另一方面，编制出了调查问卷4个，分别为《九龙坡区“品质教师”调查问卷》《九龙坡区校级干部生存现状调查问卷》《九龙坡区中小学现代学校制度建设现状调查问卷》《重庆市九龙坡区家长教育活动开展情况调查问卷》。

## 十、区域教育综合改革发力，教育呈现良好新常态

九龙坡区在“人人教育”理念下，全面实施“品质课堂、卓越学校、现代教育”三大发展战略，着力构筑“人文、科学、民主”的九龙坡教育“三支点”，着力调绘“爱心、书香、理性”的九龙坡教育“三原色”，着力形成“公平、个性、卓越”的九龙坡教育“三特质”，着力推进区域教育改革与发展。教育是一项能够让人类更加美好的事业，特别是随着教师工作状态、学生成长状态、课堂呈现状态、学校发展状态、家庭教育状态的改变，具有九龙坡教育特色的新生态开始显现。

通过教育综合改革，办真正的教育，让青少年学生浸润在教育原本有的美好和崇高之中，健康快乐成长。学校基本建设得到区委、区政府的高度重视，九龙坡区委书记丁洪、区长石继东多次召开专题会议，研究教育工作。区委、区政府明确53个学校建设项目计划，召开2015年学校规划建设专题会议，让13个亟须建设项目的资金问题和教育系统两证办理的4个历史遗留问题得到解决。一个区域对教育的重视程度，决定了这个区域教育的发展水平。能否构建一个令人向往的教育新生态，取决于是否有良好的教育发展环境。长期以来，九龙坡区委、区政府高度重视教育事业发展，坚持教育规划优先、投入优先、建设优先，大力实施教育兴区和人才强区战略。无论是加大教育投入，强化政策保障，出台教育“1＋6”配套文件，还是加强学校基础建设，每年滚动实施“十大教育重点建设项目”等，九龙坡区上下形成更重视教育、更关心教育、更了解教育、更支持教育的合力。这无疑为教育新生态发展奠定了坚实的基础。

新生态现象一：在谢家湾小学，寻常可见的语文、数学、英语、音乐、体育、品德与生活（社会）、美术这些课程都不见了，取而代之的是将十几门课程整合而成的“阅读与生活、数学与实践、科学与技术、艺术与审美、运动与健康”五类课程。每天上午，孩子们进行跨学科合作学习，学校将长短课相结合，并以学生发展为中心，根据学生需要来编写、使用教材。下午，学生则自己选择社团课程，其中包含烹饪、剪纸、二胡、跆拳道、拉丁舞、航模六大类50多种课程。学科课程、社团课程、环境课程的“三合一”构成了谢家湾小学的“小梅花”课程体系，它的创新激活了育人的“棋局”。课程改革丈量“品质课堂”的深与广，无论追寻怎样的发展之路，都应以课堂为原点，作为“树人”的主渠道，由内而外，递进发展，从而形成一种新的

课堂形态。这是九龙坡的坚持。九龙坡在教育综合改革实验区建设中，扎实推进中小学课程体系建设，从“课程目标、课程内容、课程实施、课程评价”等进行多维度探索，建立起多类型、多模式、面向未来、特色鲜明的学校课程体系。如今，九龙坡又出台了《关于全面推进中小学课程体系建设的指导意见》和《关于全面推进中小学课程体系建设的实施方案》两个文件，引领各校对国家、地方、校本三级课程进行全面整合，为打造“品质课堂”搭起了理论框架。为更好地适应高考制度的改革和学生特色发展，文件中还提出了初、高中“课程分拆”，把部分国家课程、地方课程中的学科课程拆分为适当层次、适当类别的课程，增加课程的数量，增加学生对课程的选择性。中国教科院院长田慧生评价：“九龙坡区构建起一种新的课程改革体系和秩序，实施路径非常明确，适宜打造品质课堂，培养面向未来的人才。”以课程体系建设推动课堂教学改革，九龙坡区已取得了阶段性成果。部分学校开始实践长短课程、走班选课，积极探索科学、高效、个性化、有特色的学校课程体系，24 所中小学校初步构建起了课程体系基本框架。在课程改革的引领下，如今具有“专业性、全然性、趣乐性、思辨性、践习性、化成性”六要素的九龙坡区的“品质课堂”也如雨后春笋般批量涌现。九龙坡区成功承办了全国高质量课堂展示活动，2014 年教学成果更是获得首届国家级基础教育教学成果二等奖 2 项。

新生态现象二：2015 年，九龙坡第一间“比特实验室”在区实验一小建成。学校负责人介绍：“比特实验室是目前打造未来学校的一个载体，之后我们还将利用该实验室与更多的课堂、课程结合，让学生在互动式、体验式的快乐氛围中找到适合自己特点的发展方向，从而提升学生的科学素养。”学校的传统教育模式正在“转身”。除了广泛运用电子白板、平板电脑等科技产品开设“翻转课堂”提高教学效率以外，学校还拓宽教学空间，在教室以外的地方搭建起了开放式的学习空间，不断创新“体验式＋实践式”的课程。这所已申请成功的“未来学校”示范校接下来将进行小班化教学，并设置“个别辅导室”、心理咨询室，更好地去与家长、学生沟通，提档升级。探索“卓越学校”的新与力，21 世纪的教育正在进入教育 3.0 时代，教育理念、学习环境、学习内容、学习方式都将发生革命性变革。为应对这些变革，2014 年中国教科院启动“未来学校创新计划”，九龙坡区第一时间跟上创新步伐。自创新计划启动以来，九龙坡区各中小学校积极申报。区实验一小、铁路中学等 10 所学校申报未来学校建设项目校，32 所学校争取加入未来学校联盟校。中国教科院国际比较教育研究中心主任王素谈到，九龙坡在国内率先跨入“未来行列”，其行动力与规模都在全国领先，无不彰显出九龙坡教育的魄力与实力，为教育改革带来很大的发展空间。事实上，打造“未来学校”只是九龙坡推动“卓越学校”建设的行动之一。为提升全区学校综合办学实力，提高教育教学质量，九龙坡区明确“卓越学校”建设九标准，即办学理念科学化、队伍素质专业化、办学条件标准化、学校管理制度化、课堂教学品质化、学校发展特色化、教育行为人本化、教学效果优质化、社会评价美誉化。同时，九龙坡区采取一系列措施全面提升义务教育质量。2014 年 10 月，重庆市教育评估院公布《2013 年重庆市基础教育质量监测结果报告》，九龙坡区在全市 2013 年基础教育质量监测的学生学业发展、身心健康、兴趣特长、行为习惯、学业负担、课堂教学 6 个方面的 16 个指标中，有 6 项指标位居全市各区县第一，其余各项指标均名列全市前列，义务教育质量呈上升且领头趋势；不断深化高中课程改革，高中学校综合实力得到明显增强，区属高中学校高考成绩稳步提升，区属高中学校重点本科上线人数连续三年实现三位数增长，重点本科上线人数年增长比例连续三年居主城九区第一位。“卓越学校”建设引领着九龙坡越来越多的学校迎头发展，焕发出新的学校形态，不断实现和彰显区域教育的改革价值和发展意义。

新生态现象三：在重庆市 111 中学名为“爱心教育整合课程”的现场体验课上，九龙坡家长教育讲师团给家长们抛出一个问题——“在家庭中，爱是什么?”家长们的答案不尽相同，“接纳”“关心”“温暖包容”“尊老爱幼”“理解”……但当被问到谁的家庭能满足这些“爱的标准”时，没有一个家长举手。当看到孩子给自己的评分时，不少家长都很诧异，大多数孩子给父母的分数都在 70—80 分，极少有上 90 分的，其中得分最低的则是“家庭是否和睦”一项，九成以上的孩子选了“不满意”。讲师团现场“支招”：教育孩子前先直面自身缺点。通过游戏、互动、讲座等环节，现场家长逐步掌握了教育孩子的更科学、人性、有效的方法。据了解，目前九龙坡区约有 11 万名家长，这种家长互动体验式课堂将在 2015 年年底覆盖全区 50% 的家长。以人为本，探寻“现代教育”的质与美。“教育活动中有三个基本群体，就是学生、教师、家长，这三个群体的状态可以说是一个区域教育的微生态。”九龙坡区教委主任陈瑜说，采取恰当方式去有效影响这三个群体，才能形成健康的教育生态，才能实现“教育普及化、教育均衡化、教育优质化、教育信息化、教育国际化、教育终身化”六大现代教育愿景。近几年，“家校共育”已成为九龙坡在全国有影响力的一张名片。自实施“家长教育行动计划”以来，九龙坡区建立“家长委员会”、创建“家长同学会”、办好“家长学校”，开展“千名教师访万家”“万名家长进课堂”等家长教育系列活动。同时，积极培养家庭教育专业队伍、开展“家校合作共育”课题研究、组建家长教育专家指导组等。九龙坡区还邀请全国著名家庭教育专家前来培训骨干教师153名，受到培训的骨干教师覆盖全区每所学校，并培养试点班班主任100名、家委会主任600余人、学生家长5万余人。谢家湾小学、杨家坪中学、西彭一小被评为“重庆市家长学校示范校”，一大批学校翻开了“家校共育”的新篇章。“家长教育行动计划”“修远行动·教师阅读计划”“修远行动·学生全科阅读计划”这三大行动计划形成三个强大的“杠杆”，撬动教育活动中的“三大群体”，力图让他们因教育而收获幸福与美好。近几年，九龙坡区教委审定并下发了130个图书书目，保证各校图书购买经费，专门划拨教师图书购买的专项经费，引导学校加强图书馆、阅览室建设；特聘朱永新、魏书生等知名专家组成读书活动专家指导组，加强对教师阅读的指导、培训和引领。随着“修远行动·教师阅读计划”持续发展，目前九龙坡区已经诞生了21名“书香校长”和40名“书香教师”。“心灵不荒芜才是教育大‘道’。”这是九龙坡的教育信念，因此，在教师阅读计划发展的同时，九龙坡还开启了学生全科阅读计划，引领学生向更深层次发展。

伴随着教育综合改革的深入推进，区域教育对外辐射影响力不断加大。2014年9月22日，中国教育学会体育与卫生分会十四城市学校体育研究会第二十五届中小学体育教学与科研研讨会在九龙坡举行。2014年9月26日，中国教育学会物理教学专业委员会2014年学术年会开幕式在九龙坡区天宝实验学校举行。2014年10月29日，中南、华北、西南十省区市第七届小学数学优质课观摩交流会开幕式在九龙坡区杨家坪中学举行。2015年1月5日—6日，中国教科院教育综合改革实验区系列活动在九龙坡区铁路中学顺利举行，包括第三届高质量课堂展示活动、实验区联席会议以及校园足球实验区建设研讨会。

九龙坡教育综合改革实验同时得到各级媒体刊物的关注与支持。2014年4月7日，中央电视台《新闻联播》播报重庆市九龙坡区谢家湾小学课改工作。2014年3月1日，《光明日报》以“晒晒孩子心中的好家风”为题，对区实验一小“我的家风”主题教育活动予以宣传报道。2014年4月2日，《人民日报》第6版以“重庆九龙坡区2000小学生探寻新家风”为题，对九龙坡区新家风建设进行了报道。中国教科院网站开设专栏，设了“工作简报”“教改成果”“工作动态”“媒体聚焦”等版块，定期进行专题报道。重庆出版集团重庆出版社于2015年3月出版《中小学“品质课堂”教学案例》，《教育研究》于2014年9月刊发陈瑜文章《课堂教学的价值取向与境界追求——基于重庆市九龙坡区“品质课堂”的思考》。《今日教育》分别于2013年1月刊发《一起找寻真教育——陈瑜》，2014年5月刊发《拨亮教育人心中的明灯》，2014 年 7 月刊发《悬教育理想之境——邂逅〈一个小学校长的日记〉》。《中国教育报》《重庆日报》《重庆时报》《重庆晚报》《重庆晨报》《新家长报》《九龙报》以及人民网、新华网、中国日报网、华龙网、大渝网等市内外媒体网络对九龙坡教育予以高度关注。

# 附录一

## 重庆市九龙坡区教育委员会<br>关于全面推进中小学校课程体系建设的<br>指导意见

九龙坡教办〔2015〕7号

各中小学、中职学校、直属事业单位：

为深入贯彻党的十八届三中全会精神，根据教育部《关于全面深化课程改革落实立德树人根本任务的意见》（教基二〔2014〕4号）（以下简称《意见》）和重庆市教委关于深化基础教育课程改革、落实立德树人根本任务的会议精神，进一步深化九龙坡区教育综合改革，特提出关于全面推进中小学校课程体系建设的指导意见。

### 一、指导思想

贯彻《中共中央关于全面深化改革若干重大问题的决定》和教育部《意见》，全面贯彻党的教育方针，把培育和践行社会主义核心价值观融入学校教育全过程，突出学校课程在学校教育实践中的核心地位，推动学校相关人员课程领导力、研究力、开发力、执行力、评价力的提升，逐步实现国家和地方课程校本化，逐步构建基于学校基础、面向未来、强调未来所需关键能力的培养、具有各校特色的学校课程体系，推动学校全面转型发展，为深入实施素质教育奠定良好的课程基础。

## 二、基本认识

教育部《意见》指出：落实立德树人根本任务，要加强基础教育课程体系建设。无论是国家课程、地方课程还是校本课程，放在学校里实施，都是学校课程的组成部分。加快学校课程体系建设，是适应知识社会学生培养目标提升的需要，是全面落实党的教育方针的需要，是打造国家级和市级名校、面向未来的特色学校的需要，是推进课堂教学改革走向深入的需要，是深入实施素质教育、真正实现"减负提质"的需要，是进一步提高学校干部教师专业化水平的需要，是解决校内现有课程存在问题的需要。

我区是中国教育科学研究院在全国设立的教育综合改革实验区。我们要充分认识开展学校课程体系建设的重要性和紧迫性，抓住合作共建教育综合改革实验区的契机，在推进中小学课程体系建设的进程中做好具体工作。一是要在先进的教育理念引领下，从"课程目标、课程内容、课程实施、课程评价"等维度，不断推动社会主义核心价值观进课程、进课堂、进头脑；二是要着力培养学生高尚的道德情操、扎实的科学文化素质、未来所需的关键能力、健康的身心、良好的审美情趣；三是要努力建设基于学校基础的多类型、多模式、面向未来、特色鲜明的学校课程体系，在区域范围内形成学校课程体系建设的百花齐放的格局。

## 三、总体要求

### （一）工作目标

坚持把课堂作为学校立德树人的主渠道、作为学校办学实力的核心要素，以建设以"六元素"为核心内涵、以"多样化课程、高素质教师、现代化技术"为三大坚实支撑的"品质课堂"为总体目标，利用五年左右的时间，各中小学校基本建立和完善科学、高效、个性化、有特色的课程体系，满足学生充分发展和面向未来的创新人才培养的需要；形成科学合理的课程开发、实施、管理和评价运行机制，形成相关制度体系；营造民主、和谐、个性、高效、面向未来的教学环境与课程文化氛围，为学生的个性发展、自主发展创造条件，为教师的专业化成长搭建平台，为学校面向未来的特色发展奠定基础。

（二）基本原则

1. 系统性原则。即整体规划、整合利用、统筹协调学校课程体系建设的各个环节、各种资源、各方面力量。

2. 多样性原则。即立足当下、因校制宜，形成基于学校基础和文化特色的个性化、多样化的学校课程类型和模式，在学校层面的课程体系个性化的基础上，实现区域性学校课程体系的多元化。

3. 发展性原则。即坚持创新与继承相结合，注重课程改革的连续性和可持续性，构建面向未来、着眼发展的学校课程体系，提升全区教育整体发展水平。

（三）主要任务

1. 科学构建学校课程体系建设的基本框架

各中小学校要围绕着适应知识社会、面向未来的学生培养目标，按照国家和地方课程校本化、校本课程特色化、课程资源结构优化的基本思路，加大课程建设力度，采取统整、拆分、综合、特供等方式，逐渐建成学校课程体系，以满足每一名学生在教师指导下充分发展、个性化发展、可持续发展而进行合理的选择性学习的需要。

2. 选定学校课程体系建设的主要内容

一是要落实立德树人根本任务，贯彻执行教育部《意见》提出的课程育人内容；二是要结合校情、学生学习方式的转变与教师教学方式的转变，把培育和践行社会主义核心价值观等内容作为学校课程育人的内容；三是围绕着适应知识社会、面向未来的学生培养目标，围绕着形成系统扎实的学科知识基础、形成学生所需的关键能力，来选编学校课程的基本内容；四是要系统构建学校课程制度体系。

3. 确定课程体系建设的实施方案

区教师进修学院要制定符合区域教育实际的《关于全面推进中小学课程体系建设的实施方案》，指导好中小学校课程体系建设，总结提炼出中小学校课程体系建设的成果；各学校要在先进的办学核心理念引领下，以先进的课程理念、学生培养目标为核心，制定主题突出、内容完善、特色鲜明、面向未来的学校课程体系建设方案，用于引领学校课程体系建设的实践。

4. 完善学校课程体系建设的评价管理

区教育督导室和区教师进修学院要加强对中小学课程体系建设的相关评价制度的研究，建立健全课程体系建设的评价机制、研究指导机制。各中小学要重点关注课程整体设计的科学性、未来性，重点关注教师的课程研究力、开发力、执行力，关注学生知识基础的系统构建和面向未来的关键能力的形成。区域层面、学校、教师要共同努力，建立过程性评价与终结性评价相结合、强调能力培养的课程研究、建设与实施的评价制度。

## 四、保障机制

（一）强化组织领导

区教委建立中小学校课程体系建设的领导小组，由区教委主任任组长，分管相关副主任和区教师进修学院院长任副组长，坚持把中小学校课程体系建设作为推进“品质课堂、卓越学校、现代教育”三大发展战略、深化区域性教育综合改革、加快学校转型发展的重点工作。各学校建立校长为组长的学校课程体系建设领导小组、分管副校长为组长的工作小组，全面加强学校课程体系建设的领导与管理、实施工作，积极、稳妥、较快、高质量地推进中小学校课程体系建设工作。

（二）强化条件保障

区教委将推进中小学校课程体系建设工作的经费纳入年初预算，安排专项经费用于此项工作，同时努力提高经费的持续投入，强化对课程体系建设的物质保障。各学校要为推进课程体系建设提供必要的专项经费、人员、技术等各方面保障，并对专项经费的使用采取公开透明的监管制度。

（三）健全激励机制

区教委适时开展针对优秀课程建设成果、课程建设先进学校、课程建设优秀教师和在课程建设指导方面的优秀教研员的评选和表彰，把研究和破解课程改革重点和难点问题、推进学校课程制度建设的成果作为评选的重要内容，总结推广课程体系建设的典型经验和优秀成果。区教育督导室把学校、校长开展课程体系建设的相关业绩纳入对学校、校长的年度评价指标体系。区教师进修学院把教研员指导学校课程体系建设的情况纳入对教研员的年度考核指标体系。学校年度考评把干部、教师参与课程体系建设的情况作为重要的绩效考核内容，予以进行表彰奖励。

重庆市九龙坡区教育委员会

2015 年 2 月 10 日

# 附录二

## 重庆市九龙坡区教师进修学院<br>关于全面推进中小学课程体系建设的<br>实施方案

九进发〔2015〕5号

各中小学、中职学校：

为贯彻落实《国家中长期教育改革和发展规划纲要（2010—2020年）》（以下简称《教育规划纲要》）和教育部《关于全面深化课程改革落实立德树人根本任务的意见》（教基二〔2014〕4号）（以下简称《意见》）精神，根据重庆市九龙坡区教育委员会《关于全面推进中小学校课程体系建设的指导意见》（九龙坡教办〔2015〕7号）（以下简称《指导意见》），进一步推进区域中小学课程体系建设，深化“品质课堂”教学改革，全面提高育人质量，特制定本实施方案。

### 一、指导思想

以《教育规划纲要》《意见》《指导意见》文件精神为指导，全面贯彻党的教育方针，落实立德树人根本任务，把培育和践行社会主义核心价值观融入学校教育全过程，全面实施素质教育，面向全体学生，促进学生全面发展，着力提高学校相关人员课程领导力、研究力、开发力、执行力、评价力，构建内容完善、特色鲜明、面向未来、强调关键能力培养的学校课程体系，推动学校全面转型发展，深入推进我区教育综合改革。

## 二、 基本原则

（一）系统设计

学校课程体系建设要系统设计、统筹规划，有效融合借鉴国内外先进课程的理念和方法，要符合教育教学和学生身心发展的客观规律。

（二）面向未来

学校要积极构建为培养适应未来社会需要的建设者、工作者、研究者成长的课程体系。学校管理人员、课程研究人员和学科教师要具备超前意识。课程内容要随着时代的进步不断更新，积极反映当代人类社会的教育、经济、文化、科技、军事等领域最新研究动向与成果。

（三）立足当下

学校课程体系建设要立足于当前我区大力推进教育综合改革、建设“品质课堂、卓越学校、现代教育”这一大背景，同时还要立足于学校的办学环境、师资水平、学生特点、办学特色等客观条件。学校课程体系建设既要立足当下，也要适度拔高，但不能拔高过多。

（四）继承创新

学校课程体系建设必须从人才培养的现实环境出发，既要注重课程改革的连续性和可持续性，又要适应新时期教育发展的要求，积极开拓，大胆试验，更大效度地发挥教育的潜在价值。

（五）逐步推进

学校课程体系建设是一个过程。学校要采取既积极又稳健的方略，主动地而不是被动地推进。既要整体作框架性规划，又要分阶段逐步实施。在实施中发现新问题，在解决新问题的过程中逐步推进。

## 三、总体目标

坚持把课程作为学校立德树人的主渠道、作为学校办学实力的核心要素，建设以“六元素”为核心内涵、以“多样化课程、高素质教师、现代化技术”为三大坚实支撑的“品质课堂”为总体目标。从2015年2月10日开始：

利用两个月左右的时间，各校形成包含办学核心理念、课程理念、学生培养目标、课程目标、课程类型、课程关键词、课程保障要素等内容的学校课程体系基本框架图。

利用四个月左右的时间，各学校初步形成包含课程目标、课程结构、课程设置、课程实施和课程评价各要素的课程建设方案。

利用三年左右的时间，各学校在实践探索中初步形成具有个性和鲜明特色的学校课程体系，满足学生充分发展和面向未来的创新人才培养的需要。

利用五年左右的时间，区域内中小学基本建成并完善科学、高效、个性化、有特色的课程体系，形成科学合理的课程开发、实施、管理和评价运行机制，为学生的个性发展、自主发展创造条件，为教师的专业化成长搭建平台，为学校面向未来的特色发展奠定基础。

## 四、主要内容

学校课程体系，即学校围绕学生培养目标将课程的各个要素（包括课程目标、课程结构、课程设置、课程实施和课程评价等方面）进行内容上的整合和结构上的组合，形成适应社会经济发展需要、反映科学技术发展的现状和趋势、适度考虑学制及学时限制且具有一定特色的多样化课程体系。

### （一）课程目标

学校课程目标应以《教育规划纲要》《意见》《指导意见》文件精神为指导，全面贯彻党的教育方针，把立德树人作为教育的根本任务，结合学校实际，系统论证学校办学核心理念、课程理念与学生培养目标的类型与层次，将办学核心理念与人才培养目标具体化为学校的课程目标。

### （二）课程结构

围绕学校课程目标，架构课程结构框架图，明晰课程体系。在对课程进行分类时，要符合逻辑学中的形式逻辑对于事物的分类原则和标准；在一个课程体系中，原则上只能用一个标准来对课程进行分类，避免种属交叉，如“学科课程”“社团课程”“环境课程”，“显性课程”“隐性课程”，“国际课程”“国家课程”“地方课程”“校本课程”等。要确定不同类型课程的目的、目标和性质。

（三）课程设置

在确立好课程目标和课程结构的基础上，充分体现课程结构的均衡性、综合性和选择性，精心设置课程的具体内容、课程的组织形式以及各类课程的比例关系等。其中课程的具体内容是整个学校课程体系建设的基础和核心，涉及课程目标的达成、课程结构的构架和课程资源的开发与建设。课程的组织形式以及各类课程的比例关系则是学校课程体系达到目标的重要保证。组织形式主要涉及课程开设的课时安排和先后顺序等；各类课程的比例关系主要涉及不同类型课程所占的权重和比例。

（四）课程实施

课程实施主要包含以下三个方面的工作。

一是调整和诠释国家课程标准，即学校在深刻掌握国家课程标准的基础上，依据本校的特征、学生的特质和实际需要做出准确的诠释和适当地向上调适，从而将国家课程标准与学校、教师、学生等具体情境，与未来社会发展对人才的需求联系起来。

二是重构课程内容，即实施者要根据课程的具体内容和学生的实际情况，对课程内容进行调整、组合、补充、删减等。

三是进行教学实践，实施者运用系统方法对各种课程资源进行有机整合，对教学过程的各个部分做出整体安排和构想，并将其纳入到具体的课堂情境中，在课堂教学中不断调整、丰富，从而把课程构想转化为学生的实际经验。

（五）课程评价

学校要建立过程性评价与终结性评价相结合的课程评价制度，大体按照初始论证、中期评价和后期评价的程序进行课程评价。课程实施初期，学校对课程的教学目标及标准进行论证；中期，学校通过建立相应的听评课制度、公开课评价制度、作业评价制度、教案（学案、导学案）检查制度、学生问卷和座谈会制度等，加强对课程实施的质量监控，并适时进行中期评价，提出改进建议；后期，学校通过收集意见、教学质量分析等方式进行综合评价，得出终结性评价结果。综合评价完成后，邀请专家对学校课程体系建设成果进行全面评估，并根据提出的意见和建议进行修订和完善。

## 五、参考类型

各校在选择课程体系建设的类型（模式）时，要研究未来社会对人才需求的大体情况，要考虑小学、初中、高中等不同学段的特点，要考虑知识学习与能力培养的关系，要考虑本校特色的构建等实际情况来确定本校课程体系建设的类型（模式）。以下几种课程体系建设的类型（模式）仅供各校参考。

（一）全面整合

即根据学校课程体系建设总体要求，对国家、地方、校本三级课程进行学科内、学科间、课内外的全面整合，形成全新的学校课程体系。如谢家湾小学的“小梅花”课程体系。

具体形式有两种：一是在课程内容方面有增、有减，围绕面向未来的学生培养目标来组织教学内容，构建包括学科课程、社团课程、环境课程等子类在内的全新的学校课程体系。二是在课程内容方面不增、不减，在结构上解构后重构。重构时，适当组合地方课程和校本课程。

（二）局部整合

即保持国家课程门类和整体框架不变，根据学校课程体系建设总体要求，对国家课程进行学科内的适度整合，对地方和校本课程进行学科内与学科间的整合，形成“国家课程＋若干整合课程”的学校课程体系。

（三）课程拆分

部分初、高中特别是高中，可适度考虑课程拆分。所谓课程拆分，就是根据高考制度改革、学生的特色发展和可持续发展的需要，把部分国家课程、地方课程中的学科课程拆分为适当层次、适当类别的课程，增加课程的数量，增加学生对课程的选择性。在该方面，可以研究、借鉴北京市十一学校的做法。

（四）主题型课程开发

部分主题型课程，可以包含在课程的全面整合、部分整合、课程拆分、校本课程建设等类别中，但还有一部分难以分入上述各类。在开发主题型课程时，要充分考虑未来社会对人才的需求，要突出某一主题，各主题型课程在组合为一个体系时要充分考虑其逻辑关系，要充分考虑现有课程的弊端。

（五）校本课程建设

即保持国家课程和地方课程不变，根据学校课程体系建设总体要求，围绕学校办学理念、学生培养目标和特色，学校开发特需课程、系列主题活动课程、社团活动课程，某一学习或探究的特色项目等，与国家课程、地方课程合编为学校课程体系，形成“国家课程+地方课程+校本特色课程”为主线的学校课程体系。

## 六、实施策略

在实施的过程中，各校要坚持下述一些基本策略。

（一）要以学校办学核心理念等文化要素为指导

学校办学核心理念（办学理念、办学哲学）是学校办学的理想、信念、价值观，是学校成员对学校精神类各文化要素的提炼、概括与升华，是用来指引学校建设、教育教学与管理等活动的最高价值标准，是学校文化的基础、核心和灵魂。因此，构建学校课程体系，应当明确学校的办学核心理念。在办学核心理念的影响下，学校应形成课程理念和面向未来的学生培养目标。学校应当把课程理念和面向未来的学生培养目标根植于整个课程体系建设的过程中。

（二）要适应学生个性化发展需求

知识社会是一个个性化、数字化、全球化、创新型社会。为了培养知识社会合格的人才，就必须促进学生的个性化学习和发展，处理好全面发展与个性发展、特色发展的关系。因此，学校在开展课程体系建设时，必须认清每个学生的优势，在促进其全面发展时，更要侧重开发其有价值的独特的潜能，培养其特长，使每位学生各自成长为不同层次、不同个性的有用人才。

（三）要彰显学校特色发展

学校在办学过程中逐步形成特色已成为每一所学校的办学追求，更是学校自身生存和发展的需要。新一轮课程改革为学校的特色发展提供了广阔的空间。时代要求我们必须注重以学校特色发展为主的校本课程体系建设，追求自己的发展目标，形成自己的教育风格、自己的学校文化、自己的办学特色。

在开展特色课程建设时，要充分考虑学校特色的分级问题，重点建设能为知识社会的领先产业或领域培养人才的特色课程，保持能为跨时代培养人才、已形成一定优势、在知识社会仍有价值的传统特色课程，放弃那些还在为落后产业或领域、将要被淘汰的产业或领域培养人才的学校特色课程。

（四）要推进教育国际化

在需要大批国际型人才的全球化时代，教育国际化在需要大批国际型人才的全球化时代已经成为一种必然趋势。教育国际化绝不是照搬国外课程，而是在与国外教育的交流与碰撞中实现融合与创新。因此，学校课程体系建设必须与教育国际化的推进相结合，以此来促进我国课程改革，培养中国和世界所需要的国际型人才。

（五）要推动信息技术与课程深层次整合

在建设学校课程体系的过程中，要通过开发、整合等途径形成相对稳定的课程资源，充分利用信息技术搭建多种平台，加强学校之间的联系，互通有无，实现课程资源共享。

## 七、推进措施

区教师进修学院将充分发挥教学研究、教育科研、培训提升、教育技术、教育评估等功能和作用，不断加强区域课程体系建设的全面推进。

（一）注重调研分析

根据学校课程体系建设的实际需要，开展全区学校课程体系建设的现状调研，分析中小学分层、分类参与课程体系建设的内容与要求。在调研分析与文献查阅的基础上，将学校课程体系建设类型推荐给各学校进行参考借鉴。

（二）强化研究提炼

组织专家团队对各学校建设不同类型的课程体系的成效进行深入研究和

总结提炼。一方面形成现代学校课程体系建设的制度研究，以制度确保学校课程体系建设的科学有效；另一方面形成学校课程体系建设的创新策略与途径研究，最终形成学校课程体系建设的研究成果。

（三）加强培训提升

一是学习《教育规划纲要》和《意见》等精神以及区教科所组织编印的学校课程体系建设系列资料。二是加强学校相关人员课程领导力、研究力、开发力、执行力和评价力培训。三是组建三级学习共同体，即研究员、名特教师、学科带头人等骨干教师共同体，学校与学校之间组织的校际共同体(联盟体)，学校内部组织的师师、师生、生生共同体。同时有针对性地开展专题式、讲堂式、案例式、任务驱动式、考察学习式等多样化的区域和校本研训活动。

（四）重视实践探索

一是区教师进修学院设立学校课程体系建设研究中心，采取专、兼职教科研管理与服务的方式，探索科学合理的学校课程建设方式。二是各学校组建学校课程体系建设研究组，以课程与社会发展、课程与教学、课程与学生、课程与教师等为内容，采取专家指导、学校研讨、课程展示等多样化的建设方式，大胆实践探索。

（五）教育技术支撑

积极倡导“教育技术为课程建设服务”的理念，发挥现代教育技术优势，为课程建设提供技术支撑。在课程建设中，大力提高教育技术手段的现代化水平和教育信息化程度，充分利用教育技术，建设网络资源和搭建网络平台，拓展课程空间，改变学习方式。

（六）教育评估诊断

一是按照区教委、区教育督导室对学校的督导考评的要求，突出课程体系建设工作和成效的评价。二是区教师进修学院在学生学业水平测试方面，要加强对学生多种学习力的考查，以考试评价改革促进课堂教学改革，推进课程体系建设。三是学校要有效使用评价手段，整体联动，通过行政强力推进课程体系建设工作。

（七）搭建交流平台

一是组织学校课程体系建设专题论坛、九龙学术周、课程建设现场展示会等交流活动。二是在《九龙坡教育》《重庆教育》《今日教育》等媒体，特别要力争在国家级媒体和在国际上有一定影响的媒体上刊发区域课程体系建设专项成果。三是引进先进地区和学校的课程体系建设经验，加强与其他教育综合改革实验区的交流研讨工作。

## 八、 条件保障

（一）组织保障

在区教委中小学校课程体系建设领导小组的宏观领导下，区教师进修学院设立学校课程体系建设研究中心（设在教育科研中心），具体负责全区范围内中小学课程体系建设的具体协调和研究指导工作。各学校要建立课程体系建设的工作机制，成立课程体系建设领导小组和工作小组，保障课程体系建设工作的顺利开展和有序推进。学校领导小组组长由校长兼任。

（二）制度保障

建立健全推进课程体系建设的各项制度特别是相应的评价激励制度，把各校课程体系建设情况纳入学校办学水平和校长年度考核的重要内容；将学校课程体系建设过程中形成的研究方案、研究报告、论文、学校学科课程标准、教材、师生课程手册、教学导引等研究成果、工作成果作为学校干部和教师的重要考核内容之一；将参与和指导学校课程体系建设的情况纳入教研员业务年度考核；对学校课程体系建设中成绩突出的学校和个人进行表彰，并给予学校一定经费支持和奖励，对成绩突出的个人给予一定的奖励。

（三）队伍保障

充分发挥中国教育科学研究院驻区专家组的专业优势，引进先进地区和学校的课程体系建设经验，指导学校课程体系建设工作的有效开展；充分发挥区内教研员的教学研究、教育科研、培训提升、教育技术、教育评估等综合作用，合力推进学校课程体系建设；充分发挥各学校相关人员的主体作用，调动其参与课程建设的积极性、主动性和创造性，深入推进学校课程体系建设。

（四）经费保障

各学校要加强对课程体系建设工作的物质保障，根据职责任务，安排专项经费，确保中小学校课程体系建设工作正常进行。同时努力提高经费投入的效益，加强专项经费使用的监管和公开透明。

重庆市九龙坡区教师进修学院

2015 年 3 月 10 日

# 后 记

《人人教育　优质均衡——重庆九龙坡教育综合改革实验模式》一书，是中国教科院与重庆市九龙坡区政府合作共建教育综合改革实验区的实践成果。该书由九龙坡区教委原主任陈瑜、区教工委书记王远玲总策划，在中国教科院驻区专家李继星、王新波、刘永福、曹培杰、马雷军、王明建的指导下，区教师进修学院组织精干力量集中编撰。全区各中小学校提供了大量的资料和数据，在此一并致以衷心感谢和敬意！

本书共分为六章。前言由李宗明撰写，第一章由吴家平、苗安平、李宗明、彭静、屈明撰写，第二章由邢祖德、邹扬、糜嘉、潘波、王开明、李宗明、祝传武、叶飞、洪霞、付松华、向林、谢磊、潘璐撰写，第三章由吴家平、李宗明、付松华、周建玲、王绍刚、张世平撰写，第四章由吴家平、苗安平、张世平撰写，第五章由祝传武、邹扬撰写，第六章由李宗明、屈明、邢祖德撰写。钟及龙、江涛、蒋元斌、潘晓峰、唐杰负责各章节内容的审校，中国教科院驻区专家负责各章节撰写的业务指导。在统稿、修改、送审等各环节，李继星副研究员做了大量指导和协调工作，唐杰、李宗明做了大量具体工作。

由于编写水平有限，书中难免有许多疏漏和不妥之处，恳请读者批评指正。

本书编委会

2016 年 7 月